中国体育学文库

|体育人文社会学|

政府购买公共服务研究

—— 以排球后备人才培养为例

朱 岩 著

北京体育大学出版社

策划编辑　孙宇辉
责任编辑　田　露
责任校对　韩培付
版式设计　李沙沙

图书在版编目（CIP）数据

政府购买公共服务研究：以排球后备人才培养为例/
朱岩著．--北京：北京体育大学出版社，2022.1
　　ISBN 978-7-5644-3550-9

　　Ⅰ.①政… Ⅱ.①朱… Ⅲ.①公共服务—政府采购制
度—应用—排球运动—运动员—人才培养—研究—中国
Ⅳ.①G842.25

中国版本图书馆 CIP 数据核字（2022）第 016286 号

政府购买公共服务研究：以排球后备人才培养为例　朱　岩　著
ZHENGFU GOUMAI GONGGONG FUWU YANJIU:
YI PAIQIU HOUBEI RENCAI PEIYANG WEI LI

出版发行：北京体育大学出版社
地　　址：北京市海淀区农大南路 1 号院 2 号楼 4 层办公 B-212
邮　　编：100084
网　　址：http：//cbs.bsu.edu.cn
发 行 部：010-62989320
邮 购 部：北京体育大学出版社读者服务部 010-62989432
印　　刷：北京昌联印刷有限公司
开　　本：710mm×1000mm　1/16
成品尺寸：240mm×170mm
印　　张：10.5
字　　数：146 千字
版　　次：2022 年 1 月第 1 版
印　　次：2022 年 1 月第 1 次印刷
定　　价：85.00 元

前　言

　　排球后备人才培养关系到我国排球运动的整体发展和水平提高。研究符合新时代社会主义市场经济和全面深化体制改革要求的排球后备人才培养方式，对实现排球后备人才数量增加、质量提高，发展排球运动具有重要意义。

　　原有的排球后备人才培养，因未能适应社会主义市场经济发展的新变化和全面深化体制改革的新要求，造成后备人才培养规模萎缩、质量下降、缺乏竞争、资源分散等问题。2013 年 7 月 31 日，国务院常务会议研究推进政府向社会力量购买公共服务工作，为加快推进行政管理体制改革、实现政府职能转变、改革创新排球后备人才培养、实现排球后备人才培养多元化指明了新方向。

　　本书以新公共管理理论、委托代理理论为理论基础，采用文献资料法、专家访谈法、问卷调查法、实地考察法、案例分析法、数理统计法和逻辑分析法等研究方法，在政府购买公共服务的背景下对我国排球后备人才培养模式进行了较全面、深入的研究。通过对现行培养模式进行具体分析，发现其中的主要问题，进而对符合新时代社会发展的政府购买公共服务培养排球后备人才模式进行实践研究。

研究得出以下主要结论。

（1）政府购买公共服务的基础理论，结合我国排球后备人才培养现状，能够为创新我国排球后备人才培养政府购买公共服务实践提供理论支撑。

（2）我国排球后备人才培养历经五个发展阶段，经济体制和行政体制决定了我国排球后备人才培养方式，国家是排球后备人才培养的主导者，新时代我国社会主义市场经济建设和全面深化改革需要符合社会发展要求的排球后备人才培养新途径。

（3）现阶段影响我国排球后备人才培养的主要因素是：后备人才培养规模较小，比赛场次不足，教练员执教能力不均衡，不同模式下后备人才学训矛盾凸显，后备人才上升渠道狭窄，资金来源渠道单一，管理体制不健全。

（4）实践表明，社会组织通过政府购买公共服务的形式参与排球后备人才培养的方式已经基本形成。新方式扩大了排球后备人才发展规模，整合了教练员资源，强化了教练员管理，丰富了排球赛事，实现了学训兼顾，提供了多元输送渠道，拓宽了资金来源，规范了经费投入。政府部门与社会组织合作的过程，为发展排球后备人才培养政府购买公共服务途径奠定了实践基础。

（5）我国排球后备人才政府购买公共服务理论体系，明确了政府部门和社会组织各自的职能定位，完善了举国体制下的排球后备人才培养体系，符合新时代社会主义市场经济建设和全面深化改革对体育事业发展的要求，为其他体育项目后备人才培养提供借鉴，为政府制定购买体育公共服务相关政策法规提供依据。

目 录
CONTENTS

1 导 论

1.1 问题提出

排球运动自传入我国以来，深受广大人民群众喜爱，在一百多年的发展历程中，运动员创造了辉煌成绩。20 世纪 80 年代，中国女排历史性地创造了五连冠的骄人战绩，掀起了举国参与排球运动的热潮，女排精神振奋了我国一代代年轻人。2004 年，黄金一代崛起，中国女排重获雅典奥运会冠军，再次点亮了排球运动之光。沉寂十年之后，郎平重新接手中国女排主教练一职，用全新的排球理念和训练方法，帮助中国女排夺得里约奥运会冠军，再一次将中国女排带回世界之巅，使排球运动重新回到公众视野，女排精神再次感染亿万人民。

纵观中国女排的发展历程，或高立云端，或跌落谷底；或将星璀璨，或青黄不接。高起、直落的背后是排球后备人才培养端出现了问题。后备人才培养是一个较为庞大的系统工程，受经济发展水平和社会发展状态及行政管理体制等多方面影响。虽然目前中国女排成绩优异、明星云集，但业内普遍反映，中国女排优异的成绩与后备人才培养储备呈反比状态，基层后备人才规模小，培养体系不健全，严重制约了排球运动的发展。调查发现，全国从事排球训练的一线运动员不足 400 人，加上业余体校运动员仍不足 2000 人，尤其是 20 世纪 80 年代以来，排球后备人才匮乏的现象不断显现，并呈现出日趋衰落的趋势。竞技排球后备人才注册人数已从 20 世纪 80 年代的近 3 万人，缩减到 2013 年的 2600 余人（包括所有经常参与排球训练和比赛的人员）。而在这个数字中，有各省市的几十支专业队伍，一线运动员却不足 300 人，基数不足当年的 1/10。

20 世纪 80 年代中期，行政体制改革背景下提出的"奥运战略"和"全运战略"被很多省市级体育主管者理解为"以效益为中心"，因此大幅度缩减投入多、消耗大、奖牌少的基础大项和球类项目，造成排球运动队数量、从业人数、后备人才数量大幅下降①。受行政体制改革和经济发展的影响，传统排球后备人才培养模式暴露出教练员缺乏、培养受众面狭小、学训矛盾凸显、资源供给不足等问题，严重影响我国排球后备人才培养的数量和质量②。

随着国家行政体制改革的不断深入，排球后备人才培养模式经过多轮改革，逐渐形成以 20 世纪 60 年代举国体制下建立的三级训练培养模式（也被称为以基层体校、省运动技术学校、国家队为主线的一条龙模式）③ 和 20 世纪 80 年代的高校办高水平运动队以及建设排球项目传统学校的"体教结合"模式为主的培养模式。两种模式在一定时期、一定程度上解决了部分后备人才培养问题。随着社会经济持续发展，后备人才的培养环境发生了翻天覆地的变化。近些年，在解决后备人才培

---

① 李安格. 中国女排浮沉录 [J]. 中国体育科技, 1995 (2)：30-32.
② 钱晓艳. 我国排球后备人才培养模式创新探析 [J]. 经济研究导刊, 2017 (17)：86-87.
③ 熊晓正, 夏思永, 唐炎, 等. 我国竞技体育发展模式的研究 [M]. 北京：人民体育出版社, 2008：14, 186-187.

养问题方面，体育界进行了"俱乐部模式""个人模式"等多种模式的尝试，但都因为无法面对巨大的经济压力和运行风险，在规模上很难得以推广①。

随着原有的计划经济向社会主义市场经济转型，人民群众的生活水平得到大幅提升，从事体育运动的热情空前高涨，对排球项目发展的关心程度日益提高。原有模式已不能满足社会发展对排球后备人才培养提出的诸多要求，无法从根本上解决排球项目发展的供需矛盾。2013 年国务院印发的《关于政府向社会力量购买服务的指导意见》指出，未来五年要大力发展政府购买社会组织服务，要在全国建立较完善的政府购买公共服务体系。该意见将体育服务纳入公共服务，进一步扩展了政府购买公共服务的范围，为排球后备人才培养建立新模式提供了政策依据。

党的十九大开启了时代发展的新篇章，体育事业的改革也必将随之不断深化。体育部门不断思考重新构建体育与市场、社会之间的关系的方法，重新构建后备人才培养主体与培养对象、培养方式之间的关系的方法，形成新的培养模式。后备人才培养模式是我国排球项目发展的重要组成部分，也是我国竞技体育与群众体育发展的基石。国家体育总局在《体育发展"十三五"规划》中明确提出"进一步健全政府购买体育服务机制，完善资金保障、监督管理、绩效评价等配套政策，制定政府购买体育服务指导性目录，把适合由市场和社会承担的体育服务事项，按照法定方式和程序，交由具备条件的社会组织和企事业单位承担，逐步构建多层次、多方式的体育服务供给与保障体系"。着力建立"政府主导、部门协同、全社会共同参与"的青少年体育协同供给机

① 李严亮. 对我国竞技体育人才培养模式的思考［J］. 湖北函授大学学报，2015，28（5）：102-103.

制，实现青少年体育的跨界整合、协同治理和可持续发展。社会组织的进入对于整合各类资源、扩大排球后备人才培养规模、丰富培养模式具有积极作用。政府以资金为杠杆，撬动社会资源，通过评价、管理、监督等方法，宏观把握排球后备人才培养质量。

近年来，学术界对于排球后备人才培养模式的研究，大多停留在现有模式存在的问题上，关于在新的社会发展环境下建立排球后备人才培养新模式的研究较少。但从各省区市为培养排球后备人才所进行的多种尝试中可发现，通过政府购买公共服务方式引入社会组织培养排球后备人才的方式已经显现，并取得了较好的效果。加强对于新方式的研究，发现我国现有排球后备人才培养主要模式存在的问题，以政府购买公共服务为理论支持，从创新基层排球后备人才培养模式入手，构建新型排球后备人才政府购买公共服务培养模式及实践途径，是解决当前排球后备人才数量不足和质量不高的重要课题。

1.2　研究目的与意义

1.2.1　研究目的

本书通过对我国排球后备人才培养历程和现阶段培养过程中面临的困境进行梳理，探寻我国排球后备人才培养发展方向。根据新时代社会发展、政府转型对于体育后备人才培养的要求，结合政府购买公共服务相关理论，针对影响我国排球后备人才培养的因素及现有培养实践，提炼出指导思想、培养原则及培养特征。初步构建我国排球后备人才政府购买公共服务培养方式的理论框架，找到提高我国排球后备人才培养水平的有效路径。

1.2.2 研究意义

1.2.2.1 理论意义

新时代政府职能转型和社会主义市场经济建设对体育事业发展提出了新要求。运用政府购买公共服务所涉及的新公共管理、委托代理等理论,结合影响我国排球后备人才培养的因素,构建政府购买公共服务培养排球后备人才机制的理论框架,为进一步完善和发展我国排球后备人才培养体系提供理论支持。

1.2.2.2 实践意义

本书通过构建政府购买公共服务培养排球后备人才的理论框架,梳理不同参与主体间的协作机制,为未来我国排球运动发展及后备人才培养提供可行路径,为其他体育项目发展提供可借鉴经验,为相关政府部门制定政府购买体育公共服务的政策法规提供参考依据。

1.3 研究思路与框架

1.3.1 研究思路

本书通过对我国不同历史阶段排球后备人才培养方式进行梳理,提炼出后备人才培养的政策导向、社会环境、经费来源及生源等特征,为本书构建后备人才培养新方式提供历史依据。

通过调研和查阅相关资料,确定影响我国排球后备人才培养的主要因素。围绕全国主要城市开展排球运动的中小学校以及排球后备人才培养基地进行实地调研,调研中发现,目前我国排球项目面临着后备人才培养模式陈旧、资源匮乏等问题,已经不能满足现阶段社会发展对于排球后备人才培养的需求。调查同时发现,个别地区为解决现有问题,通过政府购买公共服务探索出新型培养方式，取得了良好效果。通过对政府购买公共服务培养排球后备人才的典型地区进行分析，从政府购买公共服务的要求方面，详细分析其产生的成果和运行机制，从而得出政府购买公共服务培养排球后备人才的特征及解决现存问题的主要方式，为本书提供实践支撑。

通过对政府购买公共服务相关理论进行研究，为新型政府购买公共服务培养排球后备人才提供理论支持。结合实践研究，从排球后备人才培养的视角，总结提炼政府购买公共服务培养排球后备人才的理念、目标、原则及基本运行机制，提出政府在购买排球后备人才培养服务过程中各主体的权责利益，以满足新时代社会发展和排球运动水平提高的需要。

1.3.2　研究框架

本书在明确了排球后备人才培养的目的、意义和政府购买公共服务的内容、机制后，确定研究范围，制定研究方案。本书主要探讨下列问题：我国排球后备人才培养为什么急需新方式；哪些因素影响排球后备人才培养，存在哪些问题；政府购买公共服务为什么能够承载、支持排球后备人才培养活动；现有政府购买公共服务培养排球后备人才实例是如何实施的；政府购买公共服务培养排球后备人才的途径有哪些；其内涵和机制是什么。目前，学术界对于后备人才培养和有关政府购买公共服务两个方面的研究均具有一定广度。但将二者结合，针对政府购买公共服务对于培养排球后备人才的作用的研究尚属空白。因此，开展对政府购买公共服务培养排球后备人才现象的研究，对于顺应时代发展，创新后备人才培养方式，完善后备人才培养体系，构建政府购买体育公共服务理论体系极具现实意义。本书主要采用文献研究、专家访谈、问卷调查、实地考察、逻辑分析等方法，运用新公共管理理论、委托代理理论，从实践中分析政府购买公共服务培养排球后备人才的运行机制、工作内容、主要特征，为政府购买公共服务培养排球后备人才理论体系的构建提供实证基础，并提出切实可行的培养路径，见图1-1。

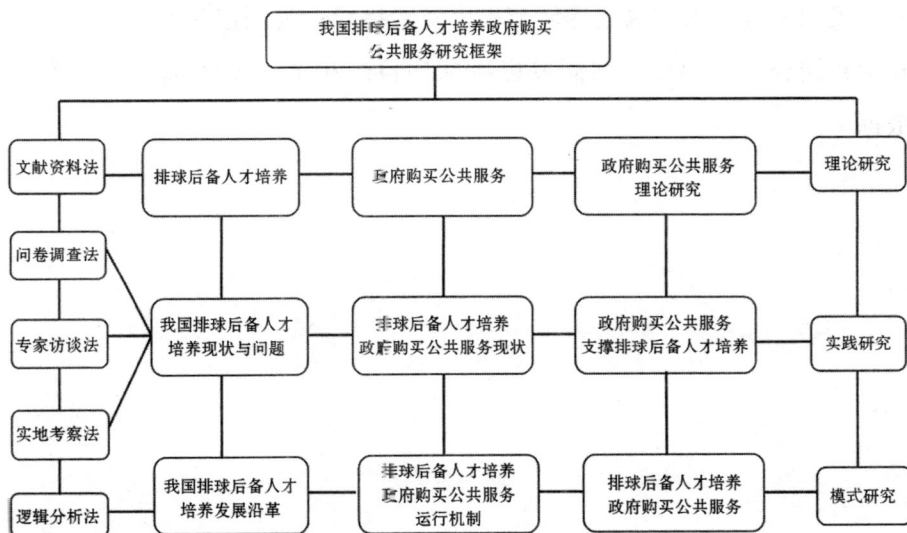

图 1-1 研究总体框架图

1.4 研究创新点

1.4.1 首次提出了政府购买公共服务培养排球后备人才方式

该方式将政府购买公共服务相关理论引入排球后备人才培养研究中，适应新时代社会主义市场经济发展和全面深化改革要求。通过对社会组织参与的具体实践进行分析，提炼出政府购买公共服务培养排球后备人才的理念、目标、原则、特征和运行机制，完善了排球后备人才培养的理论体系，有利于推动新时代体育后备人才培养模式的理论创新和实践发展。

1.4.2　首次对社会组织参与排球后备人才培养实践进行具体分析

为社会组织在政府主导下衔接体育、教育相关部门，深入各学校开展排球训练、发展排球项目提供了实施路径；为培养过程中的资金来源、组织实施、人才输送等环节提供实践指导；为制定政府、社会组织和学校间跨部门协作，共同发展排球项目的相关政策法规提供了参考依据。

2   文献综述

本书在选题和研究过程中查阅了大量文献资料。以"排球后备人才培养""政府购买""政府购买公共服务""社会组织"为关键词，围绕本书主题对中国期刊网、万方数据库、维普中文科技期刊等数据库，国家体育总局排球运动管理中心网站及相关书籍、论文、文件和报纸进行了中英文检索。经检索得到：关于排球后备人才培养模式的文献1294篇、关于政府购买的453篇、关于政府购买公共服务的338篇、关于社会组织的260篇。对其加以整理，筛选出与排球后备人才培养模式和政府购买公共服务、体育项目发展及社会组织相关的较有代表性的研究予以综述。

2.1   国内外排球后备人才培养模式相关研究

2.1.1   国内排球后备人才培养模式研究

我国后备人才培养从1951年开始至今，主要形成了以下几个主要的培养模式：从1951至1986年，后备人才培养主体为业余体校，采取的是体育传统学校（中小学运动队）—体育运动学校（业余运动体校）—国家集训队和各省专业队三级训练体制后备人才培养模式。

1986 年出现了"体教结合"学习训练模式，以促进运动员的全面发展。随着我国社会主义市场经济的不断深入和体育发展体制的不断完善，出现了多元化的后备人才培养模式，如"温州模式""丁俊晖模式""体育俱乐部联合培养模式"等。相较之下，多元化培养模式更符合现阶段国情和发展现状。考虑到现阶段我国排球后备人才培养模式主要依靠三级训练培养模式、"体教结合"模式及社会参与模式，现对这三个方面的研究进行梳理和总结。

2.1.1.1　三级训练培养模式

目前，三级训练培养模式仍然是占主导地位的后备人才培养模式①。该模式产生于 20 世纪 50 年代，以 1956 年国家体委成立球类司为开端，建立起青少年排球业余训练机构，在全国各地业余体校开办排球班，形成排球三级训练培养模式，见图 2-1。

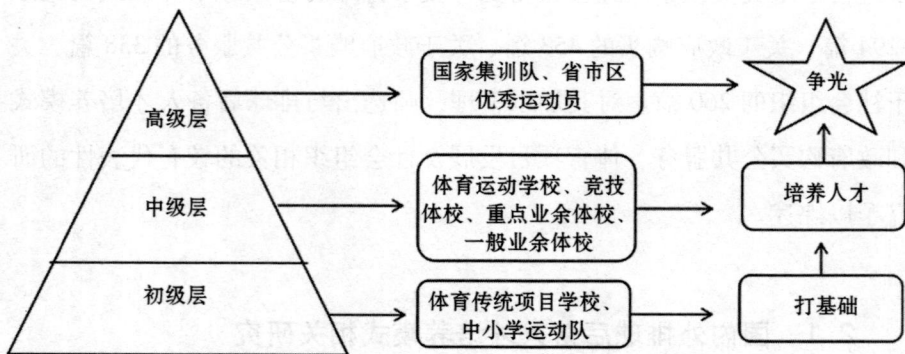

图 2-1　排球三级训练培养模式②

---

① 丁永玺，张迎迎. 我国排球后备人才培养模式分析 [J]. 鲁东大学学报（自然科学版），2008，24（4）：380-384.

② 宋信勇，宋潇亮，宋帅. 我国排球后备人才"协同创新"培养模式探析 [J]. 山东体育学院学报，2014，30（4）：28-31.

　　这种模式中，以国家队及省队（职业技术学院、运动技术学院）为代表的训练单位，负责成年一线队伍的主要培养任务；体育运动学校、体育院校附属竞技体校，负责青年队二线队员的培养任务；体育传统项目学校、业余体校则负责少年队三线队员的培养任务。体育系统后备人才培养的二线和三线队伍的主要训练对象就是传统意义上的排球后备人才群体。

　　研究表明我国排球后备人才三级训练模式的现状如下：①从排球运动员身体素质角度出发，发现我国男排后备人才的年龄、指高、训练时间、平均身高以及平均摸高等指标都处于良好发展阶段，甚至有些指标数据超过了国家队，但从整体来看，群体样本波动范围比较大①。②从排球后备人才基地和人员数量来看，我国男排专业队、业余队、业余体校数量急剧下降，二、三线队伍在训人数出现波动，排球运动群众基础受到严重影响，后备人才严重匮乏②，尤其是二、三线队员③。③从排球后备人才未来出路来看，这种模式在发展过程中逐渐显现出了一些弊端，如学训矛盾④，运动员文化水平低，退役后社会生存能力差，成才率低⑤。④教练员方面，在1986—2001年，一线排球队教练的年均人数约为240人。从1993年开始，在队教练员人数均低于这个平均水平，

　　① 姜冠军. 我国男子排球后备人才现状与培养方式的研究［J］. 西安体育学院学报，2004，21（1）：81-84.
　　② 亢晋勇. 我国男子排球后备人才培养现状及成因研究［J］. 成都体育学院学报，2011，37（12）：57-60.
　　③ 张庆宝，李晓庆，吕梅. 对我国男子排球后备人才现状与培养方式研究［J］. 北京体育大学学报，2003，26（6）：836-838.
　　④ 张浩. 河南省排球后备人才培养现状的调查与对策研究［J］. 山东体育科技，2011，33（2）：20-23.
　　⑤ 关涛，杨振侨，靳军. 竞技排球后备人才培养现状及体系构建——以河南省为例［J］. 吉林体育学院学报，2015，31（1）：45-48.

并且呈现出逐年小幅下降的趋势；二线队排球教练员年均人数为 176
人，并在这一数值上下波动；1993—2001 年，三线队排球教练员年均
人数为 480 人，自 1997 年之后，教练员人数在这一标准下持续下降①。

2.1.1.2　"体教结合"模式

"体教结合"模式产生于 20 世纪 90 年代，是为了适应社会各领域
竞争与协作要求、解决后备人才文化素质不高等现实问题而进行的一系
列尝试。"体教结合"模式尝试将教育部门与体育部门合二为一，进而
将竞技体育后备人才的部分培养工作移交给教育部门。该模式的目的是
提高运动员文化知识水平和学历，为其全面和可持续发展搭建平台、奠
定基础。"体教结合"模式的优势在于体育部门与教育部门之间相互协
作，发挥比较优势，实行长短结合，共享资源，使运动员文化教育与运
动训练过程相结合，见图 2-2。

通过人们不断的应用实践，在培养排球后备人才过程中主要从以下
四个方面具体实施"体教结合"模式②：成立了体育与教育相结合的体
育运动学校，如 2002 年国家体育总局排球运动管理中心在全国命名成
立了 16 所青少年高水平排球后备人才培养训练基地；在学校单独设立

---

① 赵翼虎. 我国竞技排球后备人才发展变化研究 [D]. 南京：南京师范大学，2005.
② 龚德贵. 中国排球运动可持续发展与后备力量的培养 [J]. 体育学刊，2001，8
(2)：60-62.

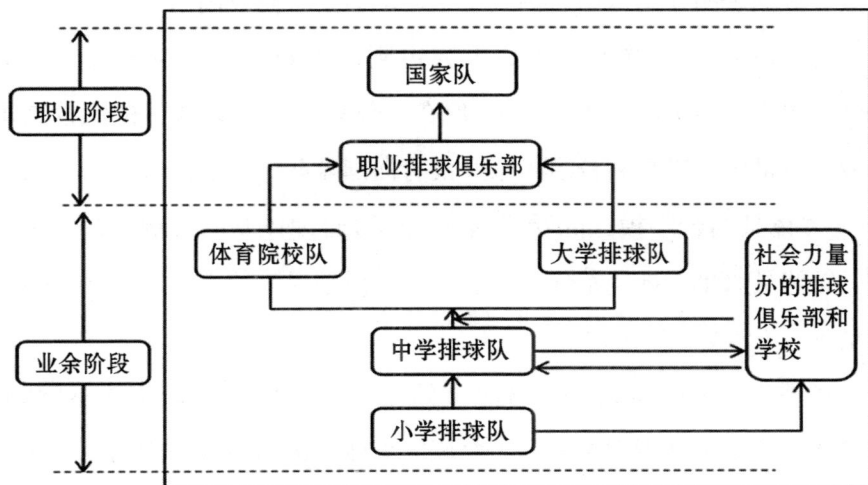

图 2-2 排球"体教结合"后备人才培养模式①

体育特长生班级，如北京 101 中学女排特长班；通过高校平台，建立大学生高水平运动队，建立高校下属的竞技体校，如北京航空航天大学男子排球队；建立"学校、科研所、优秀运动队三位一体"的体院模式②。"体教结合"模式的出现弥补了举国体制下三级训练培养模式的不足，在一定程度上缓解了最重要的学训矛盾，在建设初期让排球后备人才数量有了一定程度的回升。

在实行"体教结合"排球后备人才培养模式过程中也出现了一定的问题。最突出的就是学训矛盾得不到彻底解决，其次是生源问题③。

① 杨烨. 教育学视野中的竞技体育人才培养 [J]. 上海体育学院学报，2006，30（2）：61-64.

② 俞继英，沈建华，宋全征，等. 21 世纪我国竞技体育人才资源可持续开发的思考 [J]. 上海体育学院学报，2004，28（1）：1-6.

③ 黄香伯，周建梅. 体教结合培养体育后备人才模式研究 [J]. 武汉体育学院学报，2004，38（1）：19-21.

虽然有数据表明在第六届全国大学生运动会上，高校高水平排球运动员中，通过高考形式进入队伍的人数占到总人数的 21.4%，比上届的 11.11% 提高了 10 多个百分点①，但在"体教结合"模式下的高校高水平战略举措中，部分高校多年来并没有向国家队、职业队输送过一名队员②。"体教结合"模式除受我国现行体育管理体制的影响，在资金投入、教练员水平、训练条件、竞赛机会和后勤保障等方面都存在明显的不足③。

杨桦等专家学者认为，目前"体教结合"模式的通道并不顺畅，在实施中效果也并不理想。其主要原因为体育部门与教育部门在工作重点上存在分工不明的问题，学校认为它的主要任务是教学，不愿承担更多的后备人才训练工作，也担心本就不足的体育资源向少数学生倾斜，会造成分配的不均衡，从而影响全体学生正常的体育教学和课外体育活动④。

竞技体育人才培养作为推动竞技体育可持续发展的核心力量是不可忽视的。在原有培养模式失灵的情况下，我国出现了学校、职业俱乐部、企业和个人与家庭等多样化的人才培养模式并存的情况。协同创新（Collaborative Innovation）是把协同的思想引入创新过程，在创新过程中各创新要素在发挥各自作用、提升自身效率的基础上，通过机制性互

① 吉建秋，陈颖川. 高校高水平排球运动规范化运行的体制分析［J］. 北京体育大学学报，2002，25（2）：239-241.
② 池建. 关于"高校试办高水平运动队政策"的解析［J］. 天津体育学院学报，2003，18（4）：75-77.
③ 陈小平，于芬. 我国普通高校运动训练科学化的构想——以清华大学跳水队为例［J］. 中国体育科技，2003，39（3）：1-4，7.
④ 杨桦. 中国体育发展方式改革研究［M］. 北京：高等教育出版社，2016.

动产生效率的质的变化，带来价值增加和价值创造①。排球后备人才协同创新培养模式是宋信勇等人提出的，该模式基于协同创新的理念和要求，通过聚集创新要素和资源，发挥协同创新作用，建立以学校为中心，学校、体校、俱乐部等协同创新的模式。主要是依据不同年龄段的发展特点采取不同阶段的培养机制：在小学或初中阶段，采取以学校为中心，"学校—体校协同""校—（后备人才）基地协同"培养模式；在高中阶段，采取"校—队（一线）协同"的培养模式②。

还有一些对"体教结合"模式进行进一步加工、提升的模式，如最早的新型"小学—中学—大学"后备人才培养模式③，旨在解决后备人才的可持续发展，以及学训矛盾等突出问题。该模式的具体思路是将体育并入教育，把培养体育后备人才的基础放在中小学业余训练中。具体实施是将优质的教练资源和运动员移交至体育条件好的中小学，并让政府给予一定政策和资金支持。进入高中之后，依据运动员所从事的主要项目将其分别输送至专业队、普通高校、体育院校或职业俱乐部中，最后从中选拔优秀运动员进入国家队、青年队，见图 2-3。

---

① 饶燕婷 . "产学研"协同创新的内涵、要求与政策构想 [J]. 高教探索，2012（4）：29-32.
② 宋信勇，宋潇亮，宋帅 . 我国排球后备人才"协同创新"培养模式探析 [J]. 山东体育学院学报，2014，30（4）：28-31.
③ 徐伟宏，柯茜 . 构建新型"小学—中学—大学"一条龙竞技体育后备人才培养模式 [J]. 武汉体育学院学报，2012（11）：79-81.

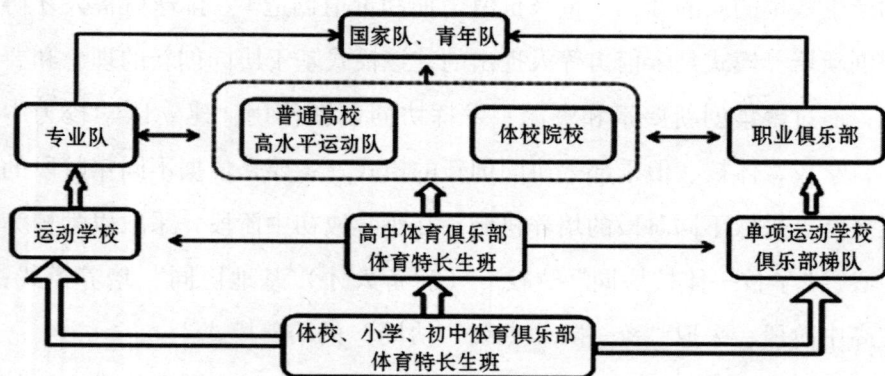

图2-3 新型"小学—中学—大学"竞技体育后备人才模式

2.1.1.3 社会参与模式

社会力量是竞技体育后备人才培养的重要组成部分。在我国体育商业化前提下，为了促进体育的发展，集合社会力量开办体育运动类学校或体育类的俱乐部等，这种培养模式的出现为我国竞技后备人才培养提供了一种新的途径。人才培养主体所有制结构的多元化，即从单一的公有制向混合所有制的方式转变，允许和鼓励各种社会化的经济主体建立竞技体育后备人才培养系统，广泛调动社会各界资源投入竞技体育后备人才培养系统，实现社会资源分化过程中的有机整合。当前，我国竞技体育后备人才的培养，正由单一循环模式向多元开放模式转变，不同培养方式之间的地位和比重正在调整和转换，多种后备人才培养形式将长期并存下来①。

我国已经具备了竞技体育人才培养社会化的基础与条件，竞技体育

---

① 周战伟．基于发展方式转变的上海市竞技体育后备人才培养研究［D］．上海：上海体育学院，2016.

的社会化将成为新时期我国竞技体育人才培养的必然选择①②。这样的培养方式在未来相当长的一段时期内会成为后备人才培养方式的主流。刘青等根据投资主体和管理主体的不同提出了个人家庭模式、企业自主培养模式、学校培养模式和职业体育俱乐部培养模式四种竞技体育人才培养的社会化发展模式③。

但在发展的过程中，一些专家学者认为社会力量办学培养模式还存在一定的问题，如刘芳等认为其存在四个方面障碍：观念性障碍，参赛资格、社会保障制度与法规的不健全等政策性障碍，社会化培养经济条件、运动训练条件、运动项目社会程度等条件性障碍，社会化培养的运动员进入体制内的体制性障碍④。张东黎认为我国竞技体育社会发展困境在于薄弱的经济基础、全能型的政府管理模式、竞技体育社会化缺乏有效的组织依托、竞技体育职业化市场化产业化发展滞后等。葛幸幸认为竞技体育管理体制改革的长期性、居民体育消费水平低、体育消费市场不健全、体育社团组织发展的滞后、竞技体育市场发展的不完备、竞技体育投资的高风险性等诸多因素都使当前我国竞技体育社会化发展模式面临着诸多现实的挑战⑤。

蒲鸿春、岳海鹏、李林等学者对"个人—家庭"培养运动员的新

① 高雪峰．我国全面推行竞技体育社会化的改革构想［J］．武汉体育学院学报，2005（4）：1-4.
② 周军．论社会化的竞技体育模式——丁俊晖成功的启示［J］．广州体育学院学报，2006，26（3）：18-20，13.
③ 刘青，郑宇，何芝．我国优秀运动员培养方式社会化研究［J］．中国体育科技，2008（3）：3-9.
④ 刘芳，刘青．社会化——我国优秀运动员培养方式的新选择［J］．武汉体育学院学报，2007（8）：52-55，96.
⑤ 葛幸幸．"丁俊晖模式"对竞技体育社会化发展带来的启示［J］．北京体育大学学报，2007，30（5）：703-705.

途径进行了研究，发现该模式已逐渐成为竞技体育后备人才培养的又一条重要渠道，培养出了丁俊晖、袁梦、华天等知名的运动员，他们进一步提出应该促进该模式培养竞技体育后备人才的发展①。

依靠知名运动员或教练员兴办的体育运动类学校、私人注册的青少年业余训练俱乐部在为中国竞技体育输送人才的同时，也出现了诸多问题：①在培养过程中，受科学的训练计划和先进的训练手段、训练设备等方面的限制，训练效果无法得到保证。②培养单位投资一般为短期行为，不符合排球运动员培养的长期目标。③培养主体利益不协调，体教融合程度较低。

综上所述，我国目前主要的排球后备人才培养模式依旧是 20 世纪 50 年代所创立的三级训练培养模式、90 年代开始实行的"体教结合"模式，以及随着市场经济发展应运而生的社会参与培养模式。三种模式在不同时期均为我国排球后备人才培养做出了巨大贡献。不同模式的产生是为了解决原有模式出现的问题，继续发展该项目。如三级训练培养模式下运动员文化水平低、学训矛盾、退役后社会生存能力差和后备人才急剧下降等问题催生了"体教结合"模式。"体教结合"模式面临自身资金投入不足、教练员水平不高、行业部门间发展重点不同等问题，继而产生了社会力量参与的模式。而社会力量参与的模式，虽然满足了日益增长的排球发展需求，但其自产生以来就存在急功近利、难以监管、无法保证培养质量等问题。因此，本书重点针对以上模式所出现的问题，从经济社会发展的现实需要出发，希望建立一种有效解决上述问题的排球后备人才培养新模式。

---

① 蒲鸿春，岳海鹏，李林．"个人—家庭"竞技体育后备人才培养模式研究［J］.体育文化导刊，2017（9）：72-76.

2.1.2　国外排球后备人才培养模式研究

由于经济、文化以及教育理念的差异，国外后备人才培养方式与我国存在一定差异。有学者对国外后备人才培养模式进行了研究，并从中总结规律、借鉴经验，用于解决我国后备人才培养模式中的问题。

法国采取双向培养竞技体育后备人才学校化模式①。要求竞技体育后备人才在 18 岁以前必须接受同普通学生相同的义务教育。法国将这样的文化教育法律化，规定高水平运动员不得在小学到高等教育阶段的文化教育中享受特殊待遇②。高水平运动员的文化学习统一由学校以法律化的形式监管，保证运动员的文化学习质量。

日本的排球后备人才培养管理体制是政府与社会团体相结合的管理体制，主要是以市场为中心，通过"小学—初中—高中—大学或实业团体队—国家队"的体系培养优秀排球后备人才。日本对排球后备人才教练员的管理也非常严格。教练员被分为 D、C、B、A 和国家最高级共五个等级，通过严格的理论考核和实践考核才能获取等级证书，排球教练员资格证书每四年更新一次。日本排球后备人才学校化的培养管理体系比较完善③。

苏联解体后，俄罗斯排球运动水平呈现下滑趋势。此后通过体制改革，形成了政府与社会相结合型管理体制，走职业化道路，培养了大批排球后备人才④。俄罗斯青少年后备人才的培养主要是体校来承接的，

---

① 黄琳，吴希林. 中法运动员文化教育对比及启示 [J]. 体育与科学，2011，32（6）：84-88.

② ARAUCANA L. France：physical education and sport in secondary education [J]. Bulletin information sportive mar，1992，28：2182-2184.

③ 黄济湘. 国内外基层排球运动历史与现状评析——中国女排滑坡后的反思 [J]. 上海师范大学学报（自然科学版）.1995（4）：78-82.

④ 鲁灿章. 需要新鲜血液——卡尔波利谈俄罗斯女排现状 [J]. 中国排球，2001（2）：32-33.

从少体校到国家青少年代表队都归联邦体育与旅游委员会下设的体育学校管理局管辖，保证了俄罗斯后备人才培养水平的稳定①。

古巴女排从 20 世纪 80 年代开始走向世界前列，凭借全面的技战术成为世界女排强队之一②。古巴排球的后备人才培养模式主要是初级—中级—高级的排球人才网。古巴的初级体育学校均设有排球项目，对排球教练员的要求很高，要求他们在传授运动技术的同时还要兼顾文化课的教学③。

美国以学校体育带动俱乐部发展为主，共同形成排球竞技体育人才培养的主要支柱，人才培养从小、初、高、大学至国家队，学生毕业后可自由选择专业体育或业余排球之路④。学校是美国竞技体育后备人才的主要来源，采取社会化管理模式，美国政府部门管理职能仅限于开展青少年体育工作调查，发布调查报告，颁布青少年体育政策法规，评估政策实施效果。而体育运动的发展和管理主要由"美国青少年排球联盟""美国青少年篮球联盟"等社会机构负责⑤。

以上大部分国家的选材培养多采用分散选材培养模式，通过协会联盟性运动组织机构，组织规模不等的比赛。比赛可按照选择的群体目标（如国家队、学校队伍等）、年龄、不同的训练阶段分类组织，且没有参与人员的身份限制。每个人都可以报名参加，企事业单位或个人均可成立俱乐部组织人员参加训练、进行比赛。但对于西方学生来讲，虽然

---

① 杜利军. 俄罗斯体育后备力量培养工作现状［J］. 国外体育杂志，1995（7）：225-227.

② 黄依柱，刘献国，彭建肆，等. 古巴女排八连冠的显性优势剖析［J］. 北京体育大学学报，2001（4）：564-566.

③ 黄依柱，彭建肆. 古巴女排长盛不衰的隐性因素分析［J］. 体育学刊，2002（4）：139-141.

④ 浦京. 美国排球的"金字塔"（上）［J］. 中国排球，2002（2）：32-33.

⑤ 赵孟君，吴希林. 美国青少年体育及竞技后备人才培养模式与启示［J］. 体育与科学，2014（6）：51-54.

可以自由选择俱乐部，但是需要自行承担加入俱乐部进行训练及比赛的费用。国家队队员通常是在大赛前的专门选拔赛中产生，选拔赛前先规定名额和程序，然后按名次录取。与我国培养模式不同的是，分散体制下的国外运动员尤其是在青少年阶段，需要自己支付训练费用，这在较大程度上是采取自然淘汰筛选的①。国外各个高校通过定期组织选拔比赛，对有体育天赋的学生进行选拔，且承诺给予相应的奖学金。上官一琳通过对中美学龄结构、大体的技术水平进行对比，把国内外竞技体育排球人才选拔培养模式划分为初级人才培养阶段、中级人才培养阶段和高级人才培养阶段，以此区分其培养模式的不同，见图2-4。

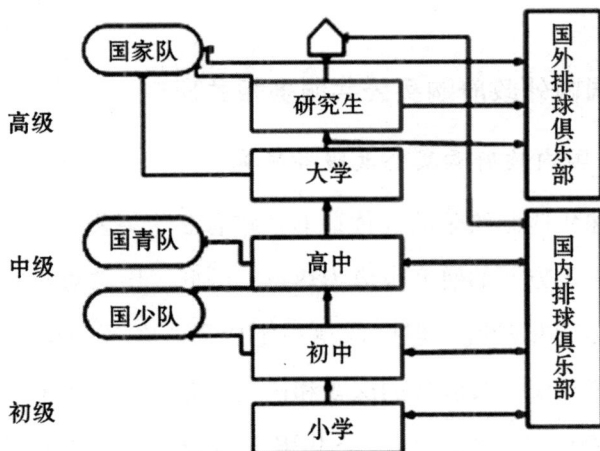

图2-4　国内、国外竞技体育排球培养选拔结构图②

综上所述，本书所列举的国外几个国家由于政治体制、社会文化、经济发展等因素的不同，在排球后备人才培养模式上虽不尽相同，但均

---

① 浦京．美国排球的"金字塔"（下）[J]．中国排球，2002（3）：30-31.
② 上官一琳．中美竞技体育排球运动员人才培养模式的比较研究 [D]．石家庄：河北师范大学，2013.

适用于本国国情，均以政府与社会相结合，政府主管、社会主办的模式培养竞技体育后备人才。其中，政府的作用以制定政策和评估监管为主，而各类体育项目开展和后备人才培养则由社会机构在相应年龄阶段的青少年中进行。总结其经验为：后备人才必须接受基础教育，能够适应并融入社会，具备生存的能力；通过扎根学校扩大后备人才培养基数；引入市场机制，促进后备人才培养；加大教练员考评机制，提高后备人才培养质量；后备人才培养面具有社会性，政府在整个过程中起到主导作用。国外体育强国正是通过保持以上优点，使其后备人才源源不绝，这些经验值得我国借鉴。

2.2 国内外政府购买公共服务相关研究

2.2.1 国内政府购买公共服务研究

在全面深化体制改革的大背景下，政府在购买公共服务方面释放出大量需求，对该方面的研究也成为热点。因此，国内对政府购买公共服务的研究虽然起步较晚，但已取得一定成果。在查阅文献的过程中发现，研究政府购买公共服务的课题和论文较多，专著较少。以王浦劬为代表的《政府向社会组织购买公共服务研究：中国与全球经验分析》是相对系统和权威的，书中对政府向社会组织购买服务的具体过程进行了详细介绍，并予以耦合和总结①。其余文章大多见于国内科研院所和相关课题。具有代表性的文章有郑苏晋的《政府购买公共服务：以公益性非营利组织为重要合作伙伴》、韩俊魁的《当前我国非政府组织参与政府购买服务的模式比较》、周俊的《政府购买公共服务的风险及其

---

① 王浦劬，萨拉蒙，等. 政府向社会组织购买公共服务研究：中国与全球经验分析 [M]. 北京：北京大学出版社，2010：3.

防范》等。这些研究成果在一定程度上反映出目前国内学者在政府购买公共服务领域所关注的重点，也显示出我国在政府购买公共服务研究问题上的深度与广度不足，依然存在较大的研究空间。

2.2.1.1 政府购买实例研究

汤伟介绍了当前上海市政府购买公共服务的历程与特点，简要阐述了上海市浦东新区、卢湾区、普陀区的购买实践经验，最后指出上海市政府购买公共服务过程中的不足之处，为上海市完善政府购买公共服务制度提出建议①。邵冰、安秀梅对无锡市政府的购买行为进行了分析，总结出无锡市政府购买公共服务改革取得的成效及存在的问题，提出了界定政府购买内涵、明确政府购买范围、制定总体流程与具体流程、明晰各部门职责、确定服务标准等完善措施②。

2.2.1.2 政府购买模式研究

目前政府购买模式是新型的研究热点，对其进行研究具有较高的指导实践意义，但研究的覆盖领域较小，普适性较低。杨宝在研究中指出，国内政府购买模式逐渐呈现出多样化的特征并提出了分辨政府购买模式的三个指标：制度化程度、竞争程度、主体间关系③。赵玉宏等指出政府购买公共服务是一种契约化提供公共服务的模式，他对中外政府购买的模式进行了比较，提出我国正在由形式性购买向契约化购买模式

① 汤伟. 上海政府购买公共服务的进展与思考 [J]. 城市管理与科技，2013（1）：16-20.
② 邵冰，安秀梅. 无锡市政府购买公共服务改革的问题、成效及对策 [J]. 中国政府采购，2009（1）：32-33.
③ 杨宝. 政府购买公共服务的模式比较及解释——一项制度转型研究 [J]. 中国行政管理，2011（3）：41-45.

转变①。

朱玉知在《政府购买养老服务的公共政策分析》一文中提到："政府购买养老服务政策要实现预期效果，离不开公共财政投入、社会各方的支持，需要养老服务市场的培育、非政府组织的发展，需要老人及其家庭转变养老服务消费观念。"②

综上所述，对政府购买公共服务的研究在我国开展较晚，但关注度较高，是热门研究课题，其原因在于政府购买公共服务是深化行政体制改革的重要手段。分辨政府购买的模式可参考三个指标：制度化程度、竞争程度、主体间关系。政府购买公共服务是一种契约式的购买服务，其中包括：公共卫生服务、养老服务、就业服务、体育服务、其他领域。政府购买公共服务已经向各个领域渗透，是公共服务行业的发展趋势，但对这些领域的研究都只停留在内涵和必要性等方面，缺乏具有现实指导意义的研究。

2.2.2　国内政府购买公共体育服务研究

体育服务是政府购买公共服务的一个重要组成部分。随着我国全民健身计划的开展，在政府的支持与推动下，国内研究政府购买公共体育服务的专家学者逐渐增加。除了公共体育服务概念、内涵等基础性理论研究，不少专家学者在公共体育服务体系、公共体育服务供给、公共体育服务均等化方面也已经取得了一定的研究成果。

2.2.2.1　公共体育服务体系研究

刘庆山在对现有文献整理、总结的基础上指出，研究深度、广度不

---

① 赵玉宏，郭万超 . 我国政府购买公共服务模式分析 [J]. 城市管理与科技，2013（1）：12-15.

② 朱玉知 . 政府购买养老服务的公共政策分析 [J]. 天水行政学院学报，2008（4）：72-76.

足，缺乏公共管理理论支持是现阶段我国体育公共服务体系研究存在的主要问题。他提出应该借鉴西方体育公共服务体系研究的基本脉络与成果，进一步完善我国的理论研究①。王才兴指出体育公共服务体系由社会参与、政府投入、发展规模等维度组成，包含公平性、便利性、多样性、公益性、基本性五个基本特征，并提出了体育公共服务的目标任务②。孔祥提出以政府组织、市场组织、社会组织为主体的模式构建，重点在于城市社区体育公共服务体系的建设上。希望资源能够合理配置，达到有效配置体育资源的目的③。曹可强等以区域性公共体育服务体系建设经验为依托，提出"政府是体育公共服务的责任主体，市场与非营利体育组织是体育公共服务的实施主体。建设公共体育服务体系过程中，要充分利用市场和非营利体育组织的作用"④。

2.2.2.2 公共体育服务供给研究

目前学者们对于体育公共服务的供给观点比较一致，认为实现体育公共服务多元化需通过市场化的方式进行。刘次琴指出广大人民群众日益增长的对于体育服务的需求和体育公共服务供给不足是我国体育发展的主要矛盾，建议增加民间资本投入，形成"政府主导、社会参与、适度竞争、监管有力"的模式以及服务主体多元化的发展思路⑤。晏绍文等指出体育公共服务体系建设的核心问题在于供给方面存在的诸多困

---

① 刘庆山. 我国体育公共服务体系研究评述 [J]. 上海体育学院学报, 2008 (5): 24-26.
② 王才兴. 构建完善的体育公共服务体系 [J]. 体育科研, 2008 (2): 1-13.
③ 孔祥. 城市社区体育公共服务体系建设的供给主体及实现路径 [J]. 体育与科学, 2011, 32 (4): 66-71.
④ 曹可强, 徐箐, 俞琳. 完善上海市体育公共服务体系的若干对策建议 [J]. 体育科研, 2008 (2): 32-36.
⑤ 刘次琴. 新时期中国体育公共服务供给主体多元发展研究 [J]. 浙江体育科学, 2012, 34 (3): 23-26.

境，体现了体育服务供给的重要性，他们希望政府加大在政策上的支持和引导，推动市场机构和社会组织充分参与，以实现多元化供给①。

2.2.2.3　公共体育服务均等化研究

体育公共服务受我国国情影响，在不同地区，如东西部、城市与农村之间的供给和分配存在一定差异，离实现均等化还有很大的距离。

罗攀从公民体育权利的角度思考体育公共服务均等化问题，从国家、社会、个体的层面论述了体育公共服务供给不能与体育权利的基本原则相违背。② 刘玉根据国外在均等化体育公共服务上所取得的经验，提出由于人文社会的差别，国外经验并不一定适用于我国的体育公共服务均等化，并指出我国的措施与步骤必须适应我国国情，只有在外国的经验上进行本土化实践，才能建立中国特色体育公共服务均等化③。

2.2.2.4　公共体育服务发展取向研究

目前有两种不同指向的研究成果存在于体育公共服务的发展研究中，一种是效率至上的公共体育服务市场化（社会化）改革；另一种则是公平至上的公共体育服务均等化改革。多中心治理理论应用于公共体育服务中，产生了多中心供给模式，能够同时容纳两种价值取向，也有学者进行对比研究。黄恒学提出中国现行体育事业管理体制改革应该在重新界定、调整和收缩国家体育事业职能范围的基础上，确保社会公共体育事业、学校体育事业等的优先发展。大众体育产品（公共体育产品）的生产和供给采取公共生产和免费供给的方式效果会更好。对

---

① 晏绍文，秦小平.体育公共服务多元化供给研究［J］.湖州师范学院学报，2011，33（1）：69-74.

② 罗攀.论体育权利与体育公共服务均等化［J］.西安体育学院学报，2011，28（4）：428-432.

③ 刘玉.发达国家体育公共服务均等化政策及启示［J］.上海体育学院学报，2010，34（3）：1-5.

于国家队的体育产品生产和供给，建议以公共生产为主、市场供给为辅。同时在破除政府公共体育服务垄断、配置高成本的条件下，再供给公共体育服务，提供主体和生产主体可以适当分离，构建政府、市场、第三部门的多元生产趋势等。

综上所述，相关学者从不同的理论观点出发论证了公共体育服务的必要性和极大需求，也指出了公共体育所包含的内容：公共体育设施服务、公共体育教育服务、公共体育指导服务、国民体质监测服务、公共体育制度服务、公共体育信息服务、奥运（全运）争光服务等。但均是从体系、理论、制度和内容等方面进行的研究，虽涉及奥运争光的内容，却并未涉及具体操作模式，尤其未涉及后备人才培养的方法、程序和标准。

2.2.3　国外政府购买公共服务研究

政府购买公共服务在西方通常被称为"合同外包"。20 世纪 60 年代，随着新公共管理理论影响的不断扩大，社会福利制度改革也在深入，西方发达国家政府开始用合同外包的形式将公共服务和公共产品交给社会组织来提供。以这种形式提供服务，在一定程度上，缓解了公共服务供给给政府带来的投入大、效率低的问题。市场化和社会化的公共服务开始出现。经过较长时间的相互融合、相互促进，西方政府购买公共服务理论已经形成较完备的理论体系。

随着新公共服务理论、公共选择理论、资源依赖理论的更新与交替，国外的政府购买公共服务研究不断发展。西方经历了从单一政府供给的公共服务，到公共服务领域有非营利组织和私人机构介入，再到购买模式优化和不断解决购买过程中出现的问题这一逐渐完善的过程。西方学者中，E. S. 萨瓦斯对政府购买的研究是权威的，他凭借《民营化与公私部门的伙伴关系》一书成为民营化大师，奠定了民营化在西方的研究基础。萨瓦斯指出："'政府'这个词的词根来自希腊文，意思是'操舵'。政府的职责是掌舵而不是划桨。直接提供服务就是划桨，可政府并不擅长划桨。"① 政府应放弃掌控一切的原有管理模式而转变职能，在公共管理上投入更多的精力。通过在公共服务领域实施政策引导，鼓励私人单位和非营利组织参与，从而实现公共服务供给的民营化改革。

西方学者在萨瓦斯研究的启发与铺垫下，逐渐开展政府购买公共服务的相关研究，使政府购买公共服务的理论研究在深度与广度方面得到了极大的扩展。西方学者认为，政府购买公共服务可以促进政府的行政和决策效率，形成公共服务多元供给格局，不但能降低政府行政成本，还能够调动社会和市场积极参与。

政府购买在避免政府失灵问题上无疑是一种有效的手段，在保持政府是公共服务"提供者"的前提下，在公共服务领域引入竞争，社会机构变成公共服务的"生产者"。政府通过制定、完善制度和法规，来衡量服务提供的效果和质量，以保证竞争的公平性。

综上所述，政府购买公共服务来源于西方，政府应成为掌舵人而非划桨人。政府购买公共服务成为应对政府失灵的有效手段，其目的是降低成本、提高效率。政府以合同的形式对公共服务进行管理和宏观调控，能够充分调动社会和市场的积极性。政府保持公共服务"提供者"的身份，社会机构成为公共服务的"生产者"，形成了公共服务的多元化供给体系。

---

① E. S. 萨瓦斯. 民营化与公私部门的伙伴关系 [M]. 周志忍，等，译. 北京：中国人民大学出版社，2002：36-42.

2.2.4 国外政府购买公共体育服务研究

在西方国家公共体育服务领域，高度发达的市场化环境对社会化影响程度较高。政府出台政策法规引导社会组织、体育协会和俱乐部承担大部分体育服务职能。国外在研究政府体育职能、体育基础设施配置方面比较有代表性。由于市场经济在西方较早被引入公共体育服务中，且受个人所有制和市场化经济对于政府体育职能的影响，政府行政干预比较少。由于体育服务和体育锻炼的观念已经广为普及，政府在提供公共体育服务和发展体育事业上被提出了更高的要求。

特雷弗·欧文提出了三点要求用以解决体育行政管理对于体育的束缚：政府必须保持高效的行政效率应对体育发展和规划，以减少各种隐性的资源浪费；政府应下放部分权利给社会专业机构，更加重视体育社会组织在发展体育中的作用；政府必须在体育公共事业的投资过程中重视优化管理体制与创新[①]。

亚历克斯·查德威克提出两方面原因来解释美国民众的体育需求无法得到政府满足的情况：政府经常忽视民众在体育方面的需求和呼声，尽管体育能反映众多社会问题，是社会问题的缩影；政府也没有收集民众对于体育的需求的有效渠道[②]。

美国、日本和新加坡在基层体育设施和重视社区体育设施建设方面具有代表性。早在 1996 年美国就完成了"健康公民 2000 年"计划，该计划是发展基层社区体育和推动大众体育发展的一项基本措施。截至 2000 年，美国已经建成以公共游泳池、健身路径、休闲公园为主的社

---

① OWEN T. The government and politics of sport［J］. Journal of sport management，1992（9）：234-236.

② CHADWICK A. Analysis：why sports leagues seem more responsive to the American people than the US government does［J］. Day to day，2004（2）：113-116.

区健身体系。日本政府为发展国民体育和增强国民素质，在 1972 年出台的《关于普及振兴体育运动的基本计划》中提出了指导性意见。目的是在保证公共体育场馆设施配置科学化、合理化的前提下，提出体育场馆配套设施标准化和量化规定。新加坡在 1975 年颁布了《体育设施蓝图规划》，规定兴建社区体育中心 15 个，在全国范围内实施，并强制性规定有 20 万人口的社区必须有一个可供开展各项体育健身活动的综合性大型体育场馆。

综上所述，政府购买公共体育服务在国外已经发展成熟，政府不再过多干预体育项目发展，而转由社会组织、体育协会、体育俱乐部等承担这部分职能。其涵盖的领域也日渐拓宽，由原来的基础设施建设开放，向更多的服务性领域拓展，逐渐进入竞技体育后备人才培养当中。市场化运营激发了社会中的潜在资源，提高了体育项目发展的行政效率，满足了社会群众的体育需求。

2.3 概念界定

2.3.1 排球后备人才培养

"后备"一词在《辞海》中的解释是：为补充而准备的，预备补充的物资、人力等①。"人才"一词在《辞海》中的解释是：德才兼备的人，在某一方面有才能或本事的人。"后备人才"概念来源于体育人才，2010 年 6 月公布的《国家中长期人才发展规划纲要（2010—2020年）》指出，人才是指具有一定的专业知识或专门技能，进行创造性劳动并对社会做出贡献的人，是人力资源中能力和素质较高的劳动

---

① 夏征农，陈至立．辞海［M］．上海：上海辞书出版社，2009：906．

者①。有研究者认为后备人才是指一些职业队伍为后续力量做的储备，后来泛指将广大青少年培养成才之意②。近年来在体育界已形成共识并被广泛使用的后备人才一词，是指对于青少年的储备和培养成才。"培养"一词在《辞海》中的解释是：引申为教育，造就人才。在《现代汉语词典》中的解释是：按照一定的目的长期地教育和训练③。究其本质，培养就是一种教育，而教育是"一种有目的的、有组织的、长久性的、以影响人身心发展为直接目的的社会活动"④。所以，排球后备人才培养应该是符合排球项目特点的一种有目的的、有组织的、长期性的社会活动。

本书认为：排球后备人才培养是指从事排球运动，在教育训练理论基础上，为满足排球后备人才培养中教育训练的需求，针对具有一定排球运动天赋，经过系统训练可能对排球竞技水平和运动发展做出贡献的，以广大青少年为实施对象的排球后备人才培养活动。本书将排球后备人才培养的范围界定为普通中小学校、业余体校、体育项目传统学校、体育运动学校和一些民办或政府办的各类青少年业余体育俱乐部。这也符合原国家体委对二线、三线运动员的界定。

2.3.2 公共服务

学界对"公共服务"一词的概念，基于专注点和学科认识的不同，尚存在较大分歧。研究者根据不同的角度和侧重点对公共服务进行定义，但在基本内涵的主要方面能够达成共识。从提供服务的主体来看，

---

① 韩金生，路冠英. 教育科学研究法 ［M］. 保定：河北大学出版社，1992.
② 国家体委体育文史工作委员会，中国排球协会. 中国排球运动史 ［M］. 武汉：武汉出版社，1994：68.
③ 中国社会科学院语言研究所词典编辑室. 现代汉语词典 ［M］. 北京：商务印书馆，1980.
④ 夏征农，陈至立. 辞海 ［M］. 上海：上海辞书出版社，2009：1102.

"公共服务是一项由政府加以规范和控制的活动，因它的实现与社会团体有着紧密联系，只有通过政府干预，才能使其得到保障"①。这是对"公共服务"概念的首次界定。2004年2月21日，温家宝在省部级主要领导干部"树立和落实科学发展观"专题研究班结业式上指出"公共服务就是提供公共产品和服务，包括加强城乡公共设施建设，发展社会就业、社会保障服务和教育、科技、文化、卫生、体育等公共事业，发布公共信息等，为社会公众生活和参与社会经济、政治、文化活动提供保障和创造条件，努力建设服务型政府"。陈振明教授提出"公共服务是指政府及其公共部门运用公权力，通过多种机制和方式的灵活运用，提供各种物质形态的公共产品，以不断满足回应社会公共需求偏好、维护公共利益的实践活动的总称"②。

本书为了更好地把握和理解"公共服务"，把公共服务所涵盖的内容限定在一定的范围之内。公共服务是由政府主导，为满足公众利益需要通过直接或间接的方式，协调监管，利用公共资源面向公众提供各种产品和服务的过程。其主要内容涉及基础性公共服务和社会性公共服务，社会性公共服务主要包含：体育、教育、文化、科技、卫生等方面的公共服务。

2.3.3　政府购买公共服务

"政府购买公共服务"是由"政府购买"和"公共服务"两个部分组成。在"公共服务"的概念已经明确的情况下，只需对"政府购买"这一概念进行界定。"政府购买"在西方国家多被理解为"合同外

---

① 莱昂·狄骥. 公法的变迁：法律与国家 [M]. 郑戈, 冷静, 译. 沈阳：辽海出版社，1999：446.
② 陈振明. 公共服务导论 [M]. 北京：北京大学出版社，2011：13.

包"，就是公共服务外包①。它的产生是政府职能转变、提高公共财政使用率和增强公共服务供给力的需要②。通过对以往政府购买公共服务的研究得出：（1）政府购买公共服务是指政府部门完成提供公共服务职能，以满足人民群众对公共服务的需求，依照法定程序，借助公共服务市场化，以一定方式实现公共服务供给的最优化。（2）政府购买的具体方式主要有两种。第一，政府部门应将部分政府职能进行转移和分散，以购买的方式由社会组织提供公共服务，使政府财政效益实现最大化③。第二，政府以签订合同的形式使公共服务转由营利组织或非营利组织生产，进而向生产者购买全部或部分公共服务④。早在 2010 年 3 月，王浦劬、萨拉蒙等在其专著《政府向社会组织购买公共服务研究：中国与全球经验分析》中，就将"政府购买公共服务"界定为"政府将原来直接提供的公共服务事项，通过直接拨款或者公开招标方式，交给有资质的社会服务机构来完成，最后根据择定者或者中标者所提供的公共服务数量和质量，来交付服务费用"⑤。

此外，还有比较具有代表性的两种界定方式：一种侧重从满足公众服务需求的角度进行界定，如彭浩认为政府购买公共服务是指"根据预先订立的合同（协议）或赋予的特许权，由政府财政提供资金并由

---

① 国务院办公厅关于政府向社会力量购买服务的指导意见 [J]. 大社会，2019（2）：30-31.

② 上海金融学院城市财政与公共管理研究所. 政府购买公共服务：理论、实务与评估 [M]. 北京：中国财政经济出版社，2015：6.

③ 李慷. 关于上海市探索政府购买服务的调查与思考 [J]. 中国民政，2001（6）：23-25.

④ 虞维华. 政府购买公共服务对非营利组织的冲击分析 [J]. 中共南京市委党校南京市行政学院学报，2006（4）：46-51.

⑤ 王浦劬，萨拉蒙，等. 政府向社会组织购买公共服务研究：中国与全球经验分析 [M]. 北京：北京大学出版社，2010：107-110.

政府向服务供应者购买其提供（生产）的商品、服务或公共设施，以满足使用者服务需求的一种制度安排和实施机制"①；另一种侧重从财政资金转移支付方式的角度进行界定，如孙健认为政府购买公共服务是"一种财政资金的转移支付方式，即政府为了应该要完成的公共服务目标，采取公开招标等各种方式建立起契约关系，由社会组织来代其提供公共服务，政府支付其相应资金的模式"②。官方的政策文件也对政府购买公共服务做出了概念界定。2014年12月，财政部在《政府购买服务管理办法（暂行）》中对其内涵概念做出了界定："政府购买服务，是指通过发挥市场机制作用，把政府直接提供的一部分公共服务事项以及政府履职所需服务事项，按照一定的方式和程序，交由具备条件的社会力量和事业单位承担，并由政府根据合同约定向其支付费用。"③

《北京市人民政府办公厅关于政府向社会力量购买服务的实施意见》（京政办发〔2014〕34号）政府购买服务将解释为：通过发挥市场机制的作用，把政府直接向社会公众提供的公共服务等事项，按照一定的方式和程序，交由具备条件的社会力量承担，并由政府根据服务数量和质量向其支付费用。

本书中的"政府购买公共服务"概念为：政府为完成自身提供公共服务的基本职能，使公共服务最优化和财政效益最大化，以合同契约、委托授权等方式，向社会组织（营利或非营利）购买公共服务的活动。

---

① 彭浩. 借鉴发达国家经验推进政府购买公共服务［J］. 财政研究，2010（7）：48-50.

② 孙健. 我国政府向社会组织购买公共服务研究［D］. 广州：中共广东省委党校，2012.

③ 财政部、民政部、工商总局制定《政府购买服务管理办法（暂行）》［J］. 全国商情（经济理论研究），2014（Z2）：24-27.

2.3.4　社会组织

"社会组织"广义为除党政机关、企事业单位以外的社会中介性组织。狭义的社会组织是指，由各级民政部门作为登记机关，纳入登记管理范围的社会团体、民办非企业单位、基金会这三类社会组织①。目前我国对于社会组织管理有明确的条例，《社会团体登记管理条例》中将社会团体定义为：我国公民自愿组成，为实现会员共同意愿，按照其章程开展活动的非营利性社会组织②。《体育类民办非企业单位登记审查与管理暂行办法》将体育类民办非企业单位明确为：由企业事业单位、社会团体、其他社会力量和公民个人利用非国有资产举办的，不以营利为目的的，以开展体育活动为主要内容的民办中心、院、社、俱乐部、场馆等社会组织③。以上条例明确指出社会组织的成员构成、可举办主体和主要活动内容，最重要的是明确了社会组织是不以营利为目的的组织，即非营利组织（NGO）。

本书所涉及的社会组织均具有以下特征：区别于政府机构和市场组织；不以营利为目的；服务于社会公众；开展体育活动；其开展活动不是为追求利益最大化，而是为完成目的范围内的使命。

---

① 王浦劬. 政府向社会组织购买公共服务研究［M］. 北京：北京大学出版社，2010：6.
② 吕玉辉.《社会团体登记管理条例》定义下的市民自组织分类与管理［J］. 中共郑州市委党校学报，2019（3）：48-50.
③ 体育类民办非企业单位登记审查与管理暂行办法［J］. 司法业务文选，2001（7）：42-46.

2.4　理论基础

2.4.1　新公共管理理论

2.4.1.1　新公共管理理论概述

20世纪70年代，西方国家政府对信息的垄断、职能的垄断等导致财政危机、效率危机等问题出现，政府的规模逐渐扩大，职能日渐增加，无法适应全球化、信息化、市场化、知识经济、环境保护等带来的压力。新公共管理（New Public Management）在英国、美国、澳大利亚和新西兰应运而生，并逐步扩展到其他西方国家乃至全世界。在西方，这场行政改革运动被称为"重塑政府""再造公共部门"的"新公共管理"运动。

在这场以经济、效率和效益为目标的行政改革运动中，不同国家相继采取不同措施。新西兰、澳大利亚与英国被视为"新公共管理"改革最为迅速、系统和全面的国家，尤其是新西兰在改革的深度、广度和取得的成效方面被奉为典范。新西兰和澳大利亚，分别从20世纪80年代初期和中期陆续开始改革，尽管两国在具体框架、进程和管理实践等方面有所差别，但都采用了新的公共管理模式①。通过在公共管理部门引入市场机制，采取结构变革、分权化、商业化、公司化、私有化等，从根本上改变公共管理方式。新西兰公共部门改革的基本原则是：（1）政府将一部分公共组织履行的功能商业化；（2）将商业活动与非商业活动分开，并将交易活动转移到公共公司；（3）在人力资源上，引入合同制、绩效工资和新的责任制。

---

① 王枫云. 从新公共管理到新公共服务——西方公共行政理论的最新发展 [J]. 行政论坛，2006（1）：91-93.

在美国，"新公共管理"改革开始得更早，里根政府时期就开始大规模削减政府机构，收缩公共服务范围，将私人部门成功的管理方式引入公共部门管理之中，以提高政府效率。其纲领性文件就是《从过程到结果：创造一个少花钱多办事的政府》，该报告提出四条基本原则：（1）消除繁文缛节，将注重过程的系统转变为注重结果的系统；（2）把顾客放在首位；（3）授权雇员亦取得成果；（4）"一削到底"，创造一个少花钱多办事的政府①。美国更多地采用公共服务或政府服务合同外包的形式。通过服务外包，私营企业和一些社会组织可以提供更多服务。美国学者马克·霍哲则总结，当下的政府改革正沿着两条变革的路径进行：一是高举民营化大旗，利用民间部门的高效率、低成本的治理方式来提供社会必需的公共服务。二是公共部门提出一系列创新方案，以改善政府提供的公共服务，并赢得民众的满意与信任。民营化成为这场改革的中心。民营化的核心就是要建立公私合作伙伴关系（Public Private Partnerships，PPP 模式）。需要建立的伙伴关系有：公共部门与社区伙伴关系、公共部门与私营部门伙伴关系、公共部门与非营利组织伙伴关系等。因此，新公共管理运动的主要标签就是公私伙伴关系，这已成为很多国家政府改革的主要策略②。

总体来说，新公共管理理论包括以下几个方面：

（1）政府职能转变，政府的职能是"掌舵"而不是"划桨"。政府的部分职能可以交给社会组织，从而提高政府的效率。

（2）政府管理民营化，政府将私人部门的竞争机制、管理理论和

---

① 陈振明. 走向一种"新公共管理"的实践模式——当代西方政府改革趋势透视 [J]. 厦门大学学报（哲学社会科学版），2000（2）：76-84.

② 王丛虎. 政府购买公共服务理论研究——一个合同式治理的逻辑 [M]. 北京：经济科学出版社，2015：21-23.

方法引入政府管理当中，重视成本和对结果的绩效考核。把企业或私营部门的一些成功的管理方法引入政府公共部门，政府应像企业那样引入竞争机制、树立顾客意识、视服务对象为"上帝"①。

（3）服务主体多元化，政府在改革的同时应破除原有的公共部门本位主义，打破政府垄断，与企业以及非政府组织建立伙伴关系，鼓励私人参与公共服务以弥补政府服务的不足和资金短缺。通过 PPP 模式与更多元的非政府部门建立伙伴关系，为提供公共服务主体的多元化奠定基础。

（4）政府与公民之间的顾客关系。新公共管理理论改变了传统的政府与社会之间的关系，政府部门不再是高高在上的官僚机构，政府工作人员应该是负责任的"企业经理和管理人员"，公民纳税是政府财政资金的主要来源。公民应是享受政府提供服务的"顾客"，政府服务应以顾客为导向，增加对公民需要的反馈②。

2.4.1.2 新公共管理理论对我国排球后备人才培养的启示

新公共管理理论为政府购买公共服务提供了理论基础，在西方经过 20 多年的实践取得了良好效果，在与非政府部门建立伙伴关系，利用社会资源充实公共服务方面均得到了认可。政府从精简机构、节约开支、提高效率的角度出发，把原来由政府垄断的公共服务向社会转移，放权给社会组织，既减轻了政府负担，又有效提高了政府管理效率。在公共服务的承接过程中引入市场机制，使承接者之间形成竞争关系，用

---

① OSBORNE D, GAEBLER T. Reinvent government：How the entrepreneurial spirit is transforming the public sector from the schoolhouse to statehouse ［M］. Hoboken：Addison-Wesley Professional, 1992：5.

② 金太军. 新公共管理：当代西方公共行政的新趋势 ［J］. 国外社会科学, 1997 (5)：21-25.

市场竞争优化公共服务的质量。以对待顾客的态度对待社会公众，为社会公众提供更加丰富的、高质量的公共服务。

我国排球后备人才培养长期落后于社会经济发展，因此创新和发展适合我国政治经济文化体制的新的排球后备人才培养模式势在必行。新公共管理理论为构建排球后备人才政府购买公共服务培养模式提供了理论指导。实现政府购买公共服务培养排球后备人才，需要对后备人才培养的各个环节进行划分、管理。根据新公共管理理论提出的政府职能转变和服务主体多元化的需要，目前排球后备人才培养的方式必然需要转型。体育行政主管部门应将培养后备人才这一工作转变为一类满足社会公众对于排球运动需要的公共服务，通过"掌舵"和建立伙伴关系，将培育职能更多地转移给能够承接这类服务的社会组织，共同提供更好的排球后备人才培养的公共服务，实现后备人才培养的社会化、民营化，引入市场竞争，扩大和提高排球后备人才培养服务的数量和质量。通过社会组织、非营利组织等第三方在体育行政部门和被培养对象（青少年）之间建立桥梁，并行使对社会组织的管理职能。在具体构建中，应主动运用新公共管理理论工具对政府购买公共服务培养排球后备人才模式构建提供指导。

2.4.2 委托代理理论

2.4.2.1 委托代理理论概述

委托代理理论是制度经济学契约理论的主要内容之一，其中心任务是研究在利益相冲突和信息不对等的环境下，委托人如何设计最优契约激励代理人①。公共管理的委托代理理论建立在经济学中的委托代理理

---

① SAPPINGTON D E M. Incentives in principal-agent relationships [J]. The journal of economic perspectives, 1991, 5: 45-66.

论基础之上，并结合公共行政的实际，对其进行研究，形成的公共管理理论体系。我国政府已逐渐从管理型向服务型转变，角色的变化促使政府寻找社会组织进行合作，通过建立契约关系授权社会组织为社会公众提供公共服务。委托代理理论的基础是公共选择理论，委托代理理论强调政府主要从政策和战略层次上进行管理，具体的执行事务交给市场解决，改变原来直接由政府供给的模式，该理论主张运用签合同等市场化方案。

委托代理理论为政府购买公共服务提供了最基本的理论模型，也解释了政府部门与社会机构的关系。委托代理理论强调市场机制的优越性，提出政府应适当减少对市场的干预，应寻求由政府和社会组织构建多元化的关系，打破政府的垄断供给，通过市场机制，加强对社会组织的绩效、战略、目标等的规划和管理，将服务项目委托社会组织。委托人与代理人之间的关系，始终存在利益冲突和信息不对等问题，政府作为委托人应运用政府管理手段来干预社会组织利用信息不对等做出投机行为，引入市场手段来提高公共服务供给的效率，保持相对公平的服务分配①。以往的研究表明，公共服务的外包市场经常具有不完全竞争性②。由于感情要素的投入无法计算，服务效果和价值也缺乏确切表述指标，在政府向社会组织购买社会服务时更加突出。因此，竞争式购买并不适用于社会服务、专业服务或研究与发展领域，现实中多为谈判模式和合作模式③。有鉴于此，又逐渐发展出了关系契约。关系契约是一

① GAZLEY B. Beyond the contract：the scope and nature of informal government–nonprofit partnerships［J］.Public administration review，2008，68（1）：141-154.

② LAMOTHER M，LAMOTHER S. Beyond the search for competition in social service contracting procurement，consolidation，and accounta bility［J］. The American review of public administration，2009（2）：164-188.

③ DEHOOG R H. Competition，negotiation，or cooperation：three models for service conteacting［J］.Administration & society，1990（3）：317-340.

种基于未来价值的非正式协议。它多以不成文规章的形式出现，广泛存在于各类组织中，可以强烈影响个人或组织行为①。关系契约的主要特点是：自我履行机制。由于第三方验证结果的成本高昂或根本不能够验证，缔结契约的双方只能依靠自我执行来保障交易的顺利进行②。关系契约相当于在原有"死板"的合同基础上搭建了一个"治理"的框架，在后续治理中解决交易可能出现的具体问题。

2.4.2.2 委托代理理论对于我国排球后备人才培养的启示

委托代理理论为政府购买公共服务合作，为双方建立受法律保护的契约关系提供了理论基础。随着我国政府更多地与非政府组织、社会组织进行合作，通过购买的方式委托符合一定条件、合适的社会力量来承接，已成为必然趋势。在理论上政府部门向社会组织购买服务，在市场的环境下已经形成，本身就是建立了契约的关系，双方必须以契约精神进行要求和管理。政府部门通过设计最优的契约激励承接公共服务的社会组织积极完成服务。

政府在购买社会组织培养排球后备人才服务的过程中，受到培养排球后备人才这一服务的技术局限性的影响，会经常与社会组织形成关系契约。其主要特点为：（1）契约建立之初，只是一个发展排球项目的合作协议，而在具体实施过程中所完成的工作要根据具体实践来填充；（2）双方在履行契约的过程中，逐步对产生的项目加以补充并增添追加条款。

这也说明在政府向社会组织购买培养排球后备人才服务时政府与社会组织是相互平等、完全独立的两个主体。因此，政府购买公共服务既

① BAKER G, GIBBONS R, MURPHY K J, et al. Relational contracts and the theory of the firm [J]. The quarterly journal of economics, 2002: 39-84.
② RAY D. The structure of sell-enforcing agreements [J]. Econometrics, 2002: 547-582.

能够体现政府的"掌舵"能力，而非"划桨"，又能够有效激励服务的提供者。政府负责主导方向和提供必要资源，具体实施由社会组织来完成，此外，政府还需对契约执行的各个环节进行监控。因此，委托代理理论对于开展在市场环境下的政府购买公共服务培养排球后备人才活动，具有重要指导意义，起到了至关重要的契约保障作用和对双方的制约、监控作用。

综上所述，随着我国改革的深入、政府转型和社会发展的加快，建立一种有效的培养方式，提高排球后备人才规模和质量迫在眉睫。近些年，学术界对于体育领域后备人才的研究渐增。对于排球后备人才培养的研究主要集中在现状研究和存在问题的研究，以及在现有条件下如何解决问题的研究上，这些问题包括：运动员文化水平低、学训矛盾、退役后社会生存能力差、后备人才急剧下降、资金投入不足、教练员水平不高、部门发展重点不同导致政策倾斜不同等。两种研究反映出的是我国排球后备人才培养模式不能很好地适应现阶段我国体育项目的发展的问题。而关于如何转变观念、与时俱进，将国外成熟模式有效地与国内发展相结合，从根本上解决排球后备人才培养问题的研究相对较少。现有研究主要的不足在于：对创新排球后备人才培养的理论研究明显不足，尚未形成较完整的理论体系，无法为排球后备人才培养提供有效指导；许多研究只停留在发现问题后用何种方式补救上，并未提出从根本上解决问题的方法和途径。

政府购买公共服务是政府职能转变、市场化改革的重要途径。近年来对于政府购买公共服务的研究逐渐增多，研究主要集中在政府购买行为的历史脉络和现实意义的理论探寻，对购买方式、内容、条件、机制等操作层面的研究，以及对典型案例或行业的购买行为的现状研究等方面。政府购买公共服务培养排球后备人才这一领域的研究尚属空白。在改革大潮的推动下，排球后备人才的培养势必与政府购买公共服务相对接，因此对这一领域的理论与实践进行研究极具紧迫性和必要性。

综合政府购买公共服务相关基础理论，根据新公共管理理论，政府提供的排球后备人才培养能力是有局限的，在缺乏竞争和压力的情况下，造成了成本提高、效率下降等问题，突出了社会组织在提供排球后备人才培养中的作用，以及社会组织自身发展的作用。政府应将部分职能转移给社会组织，通过加强制度建设在监管社会组织培养排球后备人才过程中的主导地位，将培养对象的需求放在首位，以需求为导向调整和优化社会组织自身职能。根据委托代理理论，政府与社会组织建立合同契约，通过制定具有法律效力的文件为排球后备人才培养合作提供保障。排球后备人才培养可以由一个多元主体完成，也可以由不同培养主体完成，各主体在运行机制建立、制度体系完善以及协作完成后备人才培养过程中相互联系和制约，解决培养过程中主体的多元性问题。

我国排球后备人才培养的创新研究与我国推进政府购买公共服务改革进程相一致，对推动我国排球后备人才培养具有现实的指导意义。近些年各地也涌现出一些利用政府购买公共服务形式培养排球后备人才的成功案例，但就这一领域的理论研究尚未开展，这一过程中存在的主体以及它们之间的关系尚未明确，各主体之间的职责尚不清晰，发展要素及步骤尚未成熟。本书力求探索发展排球项目培养排球后备人才的有效方式，深入研究现有案例，基于政府购买公共服务的理论基础，提出我国排球后备人才培养政府购买公共服务的具体培养方式。

3 研究对象与方法

3.1 研究对象

本书以新时代政府购买公共服务培养排球后备人才的体系为研究对象。

3.2 研究方法

3.2.1 文献资料法

根据研究需要，查阅国内外有关排球后备人才培养和政府购买公共服务等方面的文献及著作，并对涉及本书的理论知识进行学习，为本书提供了理论依据。在北京体育大学图书馆、中国学术期刊网、中国知网、中国硕博论文全文数据库等数据库，以"后备人才培养""政府购买""公共服务""社会组织"为关键词进行搜索，查阅了与本书相关的文献资料 160 篇。通过查阅国家体育总局网站以及地方体育局网站获取各地政府购买公共服务的文件、材料，为构建政府购买公共服务培养排球后备人才的体系积累翔实、充分的资料，为进一步开展实践研究奠定坚实基础。

3.2.2 专家访谈法

本书采用面谈的方式，通过与多位排球领域专家和管理者进行面对面交谈获取所需资料。同时对宁夏排球协会负责人、工作人员，以及北京市通州区体育教师、体育行政部门工作人员、各学校校长、教委体美科管理人员进行了当面访谈，见表3-1、表3-2、表3-3、表3-4。在全面了解我国排球后备人才培养和政府购买公共服务培养执行过程中存在的问题和运行机制等相关问题的基础上，分析、梳理、汇总，获得诸多有价值的第一手资料。为研究政府购买公共服务培养排球后备人才奠定基础。

表3-1 排球后备人才培养访谈专家一览表

序号	姓名	职称或职务	工作单位
1	钟秉枢	教授	首都体育学院
2	高峰	教授	北京体育大学
3	葛春林	教授	北京体育大学
4	高子琦	副教授	北京体育大学
5	李国栋	训练部主管	国家体育总局排管中心
6	缪志红	国家级教练员	上海排球运动管理中心
7	连道明	教授	集美大学体育学院
8	孙平	教授	北京体育大学
9	薛永业	高级教练	原江苏女子排球队
10	尹洪满	教授	北京体育大学
11	鲍海涛	高级教练	辽宁体育局
12	古松	教授	北京体育大学
13	陈鸿林	高级教练、校长	江苏省南京市体校

序号	姓名	职称或职务	工作单位
14	袁炳来	高级教练	辽宁体育局
15	石永鸣	高级教练	原北京女子排球队
16	张喜光	高级教练	山东省烟台市体校
17	李占府	高级教练	辽宁体育局
18	刘树平	高级教师	北京景山学校

表3-2 排球后备人才培养访谈时间及地点一览表

序号	时间	活动名称	地点
1	2016 年 3 月	排球博士专业方向讨论	北京体育大学
2	2016 年 5 月	北京市教练员培训	北京
3	2016 年 8 月	北京市排球锦标赛	北京市朝阳体育馆
4	2016 年 12 月	全国后备人才基地集训	潍坊体育训练基地
5	2017 年 10 月	漳州全国中学生教练员培训	漳州体育训练基地
6	2018 年 3 月	海南全国沙滩排球集训	海口经济学院

表3-3 政府购买公共服务实践访谈专家一览表

序号	姓名	职称或职务	工作单位
1	吴小末	正处	通州区体育局
2	杨晶晶	正科	通州区教委
3	樊春玲	正科	通州区体育局
4	刘娜	副科	通州区体育局
5	刘小慧	高级教师	人大附中通州校区

序号	姓名	职称或职务	工作单位
6	张军	高级教师	人大附中通州校区
7	杨双平	高级教师	首师大附中（通州校区）
8	宋波	一级教师	首师大附中（通州校区）
9	李晨松	高级教师	潞河中学
10	魏海南	高级教师	潞河中学
11	窦海鑫	高级教师	梨园学校
12	李德润	理事长	宁夏排球协会
13	李德荣	教授	宁夏大学
14	王涛	秘书长	宁夏排球协会
15	纳亮	副秘书长	宁夏排球协会

表3-4　通州区访谈时间及地点一览表

序号	时间	活动名称	地点
1	2017 年 5 月	通州区排球比赛	首师大附中（通州校区）
2	2017 年 7 月	全国沙滩排球巡回赛	宁夏回族自治区银川市
3	2017 年 8 月	体育局会议	通州区体育局
4	2018 年 1 月	通州区排球冠军赛	人大附中通州校区

3.2.3　问卷调查法

3.2.3.1　问卷设计

遵循社会学有关问卷设计的基本原则，在查阅大量文献资料的基础上，参考了相关问卷中的部分问题，结合目前我国排球后备人才培养的实际情况，编制了《我国排球后备人才培养现状调查问卷》《我国排球后备人才培养政府购买公共服务现状调查问卷》，同时还编制了关于我国排球后备人才培养的专家访谈提纲和排球后备人才培养政府购买公共服务专家访谈提纲。问卷调查对象设计主要针对我国主要城市的高水平后备人才培养基地，各区、县一级体校，排球项目传统学校的体育教师、教练员以及参与排球后备人才政府购买公共服务培养模式的地区社会组织（北京市通州区腾飞排球运动发展中心和宁夏排球协会）和学校等。问卷内容设计源于大量的文献资料和相关的专家访谈，并且在专家的指导下，进行了信度、效度检验，修改、完善并最终形成问卷。

3.2.3.2 问卷的效度检验

问卷编制完成后，请相关主管领导和排球业内专家组成的专家组对问卷的总体效度、内容效度、结构效度按照 A 非常合理、B 比较合理、C 一般、D 不合理、E 很不合理五个量级，进行有效性评价，统计结果表明问卷的效度很高，见表3-5、表3-6。

表3-5 《我国排球后备人才培养现状调查问卷》效度统计（$n=18$）

	非常合理	比较合理	一般	不合理	很不合理	合计
频数	12	6	—	—	—	18
百分比	66.7%	33.3%	—	—	—	100%

表3-6 《我国排球后备人才培养政府购买公共服务现状调查问卷》效度统计（$n=18$）

	非常合理	比较合理	一般	不合理	很不合理	合计
频数	13	5	—	—	—	18
百分比	72.2%	27.8%	—	—	—	100%

3.2.3.3 问卷信度检验

检验两份问卷的信度时采用"重测法",即对 18 名相同调查对象间隔两周进行二次调查,计算二次调查的相关系数。相关系数 $r =$ 0.831、$r = 0.879$($P<0.01$),说明问卷的可靠程度达到了统计学标准,具有较高信度,见表 3-7、表 3-8。

表 3-7　《我国排球后备人才培养现状调查问卷》信度统计

检验	间隔天数	相关系数	P 值
18	14	0.831	$P<0.01$

表 3-8　《我国排球后备人才培养政府购买公共服务现状调查问卷》信度统计

检验	间隔天数	相关系数	P 值
18	14	0.879	$P<0.01$

3.2.3.4 问卷的发放与回收

进行问卷调查时采取专人现场发放、现场回收的方法,由专门人员对在秦皇岛训练基地和漳州训练基地参加集训的竞技体校的教练员、全国中学生教练员培训的学校系统教练员、参加北京市排球锦标赛的北京市各区县排球队教练员、宁夏全国沙滩排球巡回赛期间宁夏排球协会人员、通州区排球比赛期间各学校教练员进行问卷的发放。采用邮件的形式向上海各区县教练员和深圳各学校教练员发放问卷。向竞技体校教练员发放 41 份,回收 41 份,问卷有效率为 97.6%;在漳州训练基地向学校系统的教练员发放问卷 45 份,回收 45 份,问卷有效率为 86.7%;在北京市排球锦标赛期间发放问卷 23 份,回收 23 份,问卷有效率为 95.7%;向上海和深圳的各学校教练员发放问卷 28 份,回收 28 份,问卷有效率为 96.2%；向宁夏排球协会人员发放问卷 16 份，回收 16 份，问卷有效率为 100%；向通州区学校教练员发放问卷 20 份，回收 20 份，问卷有效率为 100%，见表 3-9。

表 3-9 《我国排球后备人才培养现状调查问卷》发放与回收情况

问卷类型	发放份数	回收份数	回收率	有效问卷	有效率
竞技体校教练员	41	41	100%	40	97.6%
学校系统教练员	45	45	100%	39	86.7%
北京市教练员	23	23	100%	22	95.7%
上海教练员	13	13	100%	12	92.3%
深圳教练员	15	15	100%	15	100%
宁夏排球协会人员	16	16	100%	16	100%
通州区教练员	20	20	100%	20	100%

3.2.4 实地考察法

实地走访部分高水平排球训练基地、排球项目传统学校和宁夏排球协会、北京市通州区腾飞排球运动发展中心，与教练员进行深层次沟通，全面调研运动员和教练员结构，以及运动员的训练情况、比赛情况、发展方向和存在的问题等，了解教练员的训练手段和目的，深入研究训练活动的长期动向。对宁夏排球协会和北京市通州区腾飞排球运动发展中心下属学校进行深入了解，确定排球后备人才政府购买公共服务培养方式的重点考察对象，设置考察的具体流程，把握考察对象特点，为本书提供第一手资料。

3.2.5 数理统计法

笔者利用 Excel 2016 对问卷所得各项数据进行了统计和处理，又运用 SPSS 19.0 对得到的有效数据进行主要成分、因子分析等统计学处理，进一步优化指标，最终在合理获得数据资料的基础上，构建出分析的有效方法。

3.2.6 案例分析法

通过对全国排球后备人才培养状况的调查，确定宁夏排球协会和北京市通州区腾飞排球运动发展中心是目前国内开展政府购买公共服务培养排球后备人才实践的主要单位。北京市通州区腾飞排球运动发展中心是笔者直接参与、探索实施的一项排球后备人才培养计划中的主体单位，对其进行具体分析，对于研究我国排球后备人才培养政府购买公共服务极具现实意义。根据政府购买公共服务的程序，指出政府购买公共服务这一独特方式对培养排球后备人才的意义。

3.2.7 逻辑分析法

根据研究需要，综合运用归纳、演绎、推理等逻辑分析方法，从理论的角度探讨政府购买公共服务培养排球后备人才的可行性。揭示政府购买公共服务理论体系与排球后备人才培养之间的逻辑关系，以期构建排球后备人才培养政府购买公共服务的理论构架。从实践的角度提炼排球后备人才培养政府购买公共服务的主要内容，为排球后备人才培养政府购买公共服务提供实践指导。

4 结果与分析

4.1 我国排球后备人才培养的发展沿革

4.1.1 我国竞技体育人才培养探索阶段（1949—1959 年）

4.1.1.1 排球后备人才培养的社会发展环境

1949 年，中华人民共和国成立，受到多年战争和国际形势的影响，在这一阶段，国家重点应对的是战争留下的创伤，各行各业百废待兴，体育面临着国际社会的封锁和全民体质羸弱的窘境。体育的发展与社会发展密不可分，在何种社会经济形势下就应有何种体育发展形式。党中央决定恢复与发展中国的体育事业，以体育为突破口，打破帝国主义对新中国的封锁，使中国重回国际社会行列。党中央提出了建设"新体育"的要求，就什么是"新体育"的问题，提出了"普及与提高相结合"的方针，确立了"要把体育普及到千百万劳动人民中去"的目标，旨在为广大工农群众服务，既发展群众体育改善人民群众健康状况，又从中选拔优秀运动员代表国家参赛，借此改变国民体质羸弱的局面。这一阶段，体育事业在组织体系建设上主要是向苏联学习，制度建设除建立单独的体育系统的培养模式外，又从教育系统入手进行普及和发展。

4.1.1.2　排球后备人才培养体制

这一阶段培养体制的建立背景是备战第15届赫尔辛基奥运会，迅速提高我国运动技术水平是当务之急。1952年9月，赫尔辛基奥运会中国代表团团长荣高棠和时任教育部部长的马叙伦同时提出向苏联学习，在政府中设立体育运动委员会，成立体育学院，集中训练优秀运动员。同年11月，中央人民政府委员会第19次会议正式批准成立中央人民政府体育运动委员会，贺龙被任命为中央体委主任（1956年中央体委改称国家体委），这标志着我国体育机构系统建设正式拉开序幕，学习苏联体制成为当时中国体育后备人才培养的最佳路线①。为更快地提高我国排球运动水平，1951年，我国成立了"中央体训班"（以下简称"体训班"），从全国排球比赛大会选拔出首批国家队成员。1951年4月，中国人民解放军八一体育工作大队（以下简称"八一队"）成立，编制为3000人，经费由国家全额负担，"体训班"成员享受排长待遇，服装由国家统一发放。体训班被全国各省效仿，成为省体工队的前身②。体训班排球队的主要任务包括：为国家培养优秀排球运动员，充分挖掘技术优势，有效推动群众性排球运动的发展。对于选拔出来的优秀运动员、教练员所需的培养经费和相关保障都是国家在计划经济体制下按照一定标准配发的，也就是国家全额拨款负担。这一阶段拉开了我国举国体制培养后备人才的序幕。

4.1.1.3　排球后备人才主要来源

这一阶段我国的排球后备人才没有明确的培养方式和输送通道，处

---

① 伍绍祖.中华人民共和国体育史（综合卷）［M］.北京：中国书籍出版社，1999：115-120.

② 国家体委体育文史工作委员会，中国排球协会.中国排球运动史［M］.武汉：武汉出版社，1994：70-73.

于探索阶段，主要以民国时期遗留下来的学校体育、群众自发的体育活动和战争时期部队开展的体育活动中培养出来的优秀运动员为基础。1950年，中华体育总会决定组队参加在捷克斯洛伐克首都布拉格举行的世界学生第二次代表大会排球比赛。参赛队员从北京、上海、广东、沈阳的学生中选拔出来，标志中国排球重新回到国际赛场，让全世界重新认识了中国排球。

1956年前后，国家体委颁布了《青年业余体育学校章程（草案）》和《少年业余体育学校章程（草案）》，在普及群众体育活动的基础上，提高运动技术水平，为日后的三级训练培养模式奠定了基础。1958年6月，制定并颁发了《排球运动员技术等级标准》，具体规定了各级运动员取得称号的标准，为后备人才培养建立了等级依据①。

体训班和八一队的成立，标志着我国竞技体育从业余体育队伍向专业体育队伍的转变。此时，优秀运动员多从群众体育活动中选拔，以学校和各行业体育协会为基础进行层层选拔。部队体工队成为培养优秀运动员的沃土。综上所述，在这一阶段，学生、部队战士和群众是主要后备人才来源。

4.1.2　我国"举国体制"培养竞技体育人才模式的形成阶段（1960—1977年）

4.1.2.1　排球后备人才培养的社会发展环境

20世纪50年代末，我国的竞技体育发展进入了新的发展阶段。受自然灾害以及苏联单方撕毁援助合约的影响，这一时期我国经济处于困难时期，人民生活质量受到巨大影响。体育在50年代末也因社会思潮

---

① 熊晓正，郑国华. 我国竞技体育发展模式的形成、演变与重构［J］. 体育科学，2007（10）：3-17.

的影响，出现了战线过长、摊子过大的问题，造成了人力、物力、财力的分散和浪费，使得整体水平提高遇到困难①。1961 年底召开的全国体育工作会议指出，体育属于上层建筑范畴，为经济基础所决定，体育事业发展的规模和速度必须与经济建设相适应，不能超越生产水平许可的限度，必须根据人民生产和生活情况不断调整。1963 年排球甲级联赛暂停，改为全国排球联赛，但水平明显下降②。

1966 年"文化大革命"开始，排球运动受到冲击，运动水平急剧下降，后备人才培养体系遭到整体破坏，专业队人才青黄不接的现象十分严重。

4.1.2.2 排球后备人才培养体制

这一阶段前期受到自然灾害和政治活动的影响，排球后备人才培养跌入低谷。为了保障竞技体育水平、提升运动竞技能力，1963 年，国家体委下发了《关于试行运动队伍工作条例（草案）的通知》，对训练、比赛、文化教育、后备力量培养等方面工作做出了详细规定。1964 年，国家体委颁发了《青少年业余体育学校试行工作条例（草案）》，重点提出办好青少年业余体校的要求，使业余体校逐渐规范化，为优秀运动队伍培养后备力量。1965 年，国家体委再次提出，各地都应集中力量办好重点青少年业余体校，要源源不断地培养出优秀运动员，使其成为专业队的预备队。1965 年以后，国内逐渐形成了基层业余体校—重点业余体校—专业运动队这种广泛普及、层层递进的业余训练三级后备人才培养网络，即三级训练培养模式的前身。1972 年，国内环境逐

---

① 熊晓正，夏思永，唐炎，等.我国竞技体育发展模式的研究［M］.北京：人民体育出版社，2008：10-11.
② 伍绍祖.中华人民共和国体育史（综合卷）［M］.北京：中国书籍出版社，1999：115-132.

渐好转，国家体委组织召开了"全国三大球训练工作会议"，使中国排球历史实现重大转折。会议提出要解决目前后备人才青黄不接的问题，狠抓青少年队伍建设。此次会议使排球后备人才培养得以复苏。同年，国务院、中央军委联合下发109号文，决定由北京体育学院（现北京体育大学）组建北京体育学院青训大队，为国家及省、市优秀运动队培养后备人才。这一阶段形成了计划经济体制下的后备人才培养模式，为"举国体制"的形成奠定了基础。在此阶段，各级体校、省市专业队、国家队的一系列费用均由国家负责，是计划经济体制下国家投入开展的专业运动员培养模式。

4.1.2.3 排球后备人才主要来源

这一阶段排球后备人才培养形成了高度集中的体育行政管理体制。高水平后备人才来源发生了根本变化。国家各级行政机关，通过颁布大量文件，将后备人才选拔范围由原来的从群众、学生和自发者中选拔，转变为主要通过各级体校逐层选拔，形成了以国家队、省队为龙头，重点业余体校为龙身，基层业余体校为龙尾的"一条龙"培养模式，为下一步试行"举国体制"提供了制度铺垫。1972年的北京体育学院青训大队中，除陈招娣来自八一队，其余运动员均来自学校①。在排球运动复苏的节点，重新形成后备人才集中训练模式时，学生依旧是后备人才匮乏时期最为重要的人才来源。

---

① 国家体委体育文史工作委员会，中国排球协会. 中国排球运动史［M］. 武汉：武汉出版社，1994：154-155.

4.1.3 我国"举国体制"培养竞技体育人才模式的稳定和发展阶段（1978—1991年）

4.1.3.1 排球后备人才培养的社会发展环境

20世纪70年代末，我国体育事业进入了新的发展阶段。党的十一届三中全会的召开，实现了思想路线、政治路线和组织路线的拨乱反正，做出了改革开放的重大决策，从而破除了"左"倾错误的束缚，开启了中华人民共和国成立以来最具历史意义的伟大转折。体育界也迅速拨乱反正、解放思想、实事求是，打破思想枷锁，回到社会主义体育发展的正常轨道上来。但经过"文化大革命"，原有的一整套竞技体育组织管理体制被毁坏殆尽，运动技术水平落后成为当时体育事业面临的最大问题。后备人才培养体系也遭到极大破坏，各地体校均处于停顿状态，最具代表性的八一队被迫解散，给我国体育事业造成了极大损失。为此，20世纪70年代末期我国开始采取一系列措施恢复和完善原有的后备人才培养体系，探索建立新的培养模式，以适应新时期改革开放大好形势。1979年，国家体委和教育部联合颁发了《少年儿童业余体育学校章程》，对业余体校恢复及建设问题做出了较全面的规定。明确了业余体校的主要任务：为国家培养德、智、体全面发展的具有良好身体素质和一定技术水平的优秀运动员后备人才。这个章程的制定和执行，有效地推动了我国排球后备人才培养的规范化，扩大了排球后备人才规模，提高了排球后备人才质量，为我国排球"冲出亚洲、走向世界"做出了巨大贡献。

4.1.3.2 排球后备人才培养体制

这一阶段的后备人才培养体系得以恢复，三级训练体制日趋完善，并成为主要的后备人才培养模式。为了增强竞技体育发展后劲，1980

年，国家体委按照"思想一盘棋、组织一条龙、训练一贯制"的要求对优秀运动队、业余体校和学校运动队，即一、二、三线运动队伍进行调整，逐步建立按比例发展、层层衔接的训练网，进而完善后备力量培养体系。这一决策奠定了未来30年我国排球后备人才培养的主要模式，使20世纪60年代形成的"举国体制"得以强化和发展，并取得了令世界瞩目的成绩。总体来讲，这一阶段的排球后备人才培养模式主要是以体校为代表的三级训练模式，是国家负责全方位计划管理运动员训练、学习、比赛、饮食起居的"一揽子"模式，这一阶段开始强调竞技体育与教育的结合①。与此同时也暴露出诸多问题，如经济体制改革、行政体制改革及各项文化体制改革等体育外环境改革逐渐深入，体育体制改革与之相比明显滞后。社会对体育日益高涨的需求，单靠国家投入已不能得到满足。群众体育的普及速度和发展速度明显低于竞技体育。运动员接受文化教育与参加体育训练的矛盾日渐突显。鉴于上述原因，改革创新体育后备人才培养模式刻不容缓。各级体委在教育部门的支持下，在发展业余体校和运动学校的同时，着手开展排球项目"传统学校"建设。1983年底，国家体委、教育部联合印发《体育传统项目学校试行办法》，明确国家体委对某些具有排球运动场地设施，或热爱排球运动、擅长发展排球项目的学校给予一定政策以及物质上的支持，这是对具有中国特色的"体教结合"模式的探索，对推动青少年体育活动、完善体育后备人才培养模式具有重要意义。1985年11月，我国修订了《体育运动学校办校方案》，进一步总结办校经验，提高办校质量。

---

① 熊晓正，夏思永，唐炎，等. 我国竞技体育发展模式的研究［M］. 北京：人民体育出版社，2008：132-136.

4.1.3.3 排球后备人才主要来源

这一阶段，我国在国际奥委会的合法地位得到确立，极大地鼓舞和促进了国内体育事业的发展。为了更好地适应国际体育环境、树立体育大国形象，需要对"举国体制"进行系统完善，探索建立新的后备人才培养模式。在实践过程中，体育部门率先与教育部门合作，建立体育项目传统学校，拓宽后备人才培养渠道。八一队的恢复为排球后备人才培养提供助力。但从学生群体来看，作为后备人才培养选拔的人数极少。因此，这一阶段表面上看后备人才的渠道拓宽了，但从实质上看，后备人才的主要来源还是以三级训练体制和八一队为主，学生群体已经失去了成为后备人才的可能。

4.1.4 我国竞技体育人才培养市场经济变革阶段（1992—2012 年）

4.1.4.1 排球后备人才培养的社会发展环境

1992 年初，邓小平同志在视察南方的谈话中指出，坚持走中国特色社会主义道路，加快改革开放步伐，建设"社会主义市场经济"，明确社会主义市场经济体制改革目标。体育界也以深化改革为目标方向，开始启动体育改革。1993 年 4 月，国家体委下发了《关于深化体育改革的意见》及五个配套文件，确定了体育改革的基本思想。在建立社会主义市场经济的要求下，着眼于体育体制改革和运行机制的转变，其根本就是由计划经济下的体育体制和资源配置向市场经济下的体育体制转变，建立与社会主义市场经济相适应的，符合现代竞技体育发展规律的，国家办与社会办相结合、集中与分散相结合的运行机制。1995 年，国家体委制定了《奥运争光计划纲要》，分别阐述了我国竞技体育面临的形势和任务，争光计划的目标和实施原则、主要措施及步骤方法等。

在后备人才培养模式方面强调的依旧是"一条龙"模式，即传统的三级训练培养模式。

4.1.4.2 排球后备人才培养体制

拓宽资金渠道和后备人才培养渠道是这一轮改革的主要方向。2000年颁布的《2001—2010年体育改革与发展纲要》对训练模式进行了调整，改变原有由国家负责所有训练费用的方式，明确鼓励各行业、企业和高校等主体办高水平运动队，业余训练则采取逐步收费或部分收费的方式，尝试收取一定费用来缓解政府财政经费压力①。这一举措标志着后备人才培养开始向市场经济方向转型。《2001—2008年排球运动发展规划》指出：一方面要强化"一条龙"思想，建立高水平人才输送体系，另一方面要坚持走"体教结合"道路，抓好40所重点城市体育运动学校和100所"排球传统项目学校"。2006年，《体育事业"十一五"规划》指出：体育要坚持国家办与社会办相结合原则，将政府调控与市场调节相结合。要实施"全国体育后备人才培养工程"，加强国家高水平体育后备人才基地建设，鼓励社会力量培养体育后备人才，进一步探索体教结合模式，拓宽体育后备人才培养渠道②。而在此期间，我国业余训练经费财政拨款投入110 413万元，财政拨款仍然是资金的主要来源，学生学费和训练费等事业性收费是业余训练另一个较为重要的经费来源③。

4.1.4.3 排球后备人才主要来源

这一阶段，三级训练培养模式已经无法适应市场经济的需要，在资

---

① 2001—2010年体育改革与发展纲要［J］.体育科学，2001（3）：1-6.
② 国家体育总局.体育事业"十一五"规划［EB/OL］.中国政府网，2006-07-25.
③ 刘鹏，张剑，等.改革开放30年的中国体育［M］.北京：人民体育出版社，2008：69.

源分配依据由计划转向市场，资源分配主体由行政机关转向社会的过程中暴露出严重的矛盾和问题。这一阶段的改革目标就是尝试以社会资源参与的形式，解决后备人才培养过程中出现的各类资源不足的问题。此外，"体教结合"模式虽然已经发展得比较成熟，也尝试把学校内义务教育阶段的学生作为后备人才的选拔基础。但是，受体制限制和学训矛盾等影响，培养效果并未显现。三级训练培养模式依旧是排球后备人才的主要培养模式。

4.1.5 我国新时代竞技体育人才培养创新阶段（2013年至今）

4.1.5.1 排球后备人才培养的社会发展环境

在党的十八届三中全会上，习近平总书记在《关于〈中共中央关于全面深化改革若干重大问题的决定〉的说明》中讲道"全会决定对健全宏观调控体系、全面正确履行政府职能、优化政府组织结构进行了部署，强调政府的职责和作用主要是保持宏观经济稳定，加强和优化公共服务，保障公平竞争，加强市场监管，维护市场秩序，推动可持续发展，促进共同富裕，弥补市场失灵。"① 2013年9月，国务院办公厅对进一步转变政府职能、改善公共服务做出重大部署，明确要求在公共服务领域更多利用社会力量，加大政府购买服务力度。当时，我国公共服务提供主体和提供方式逐步多样化，初步形成了政府主导、社会参与、公办民办并举的公共服务供给模式。国务院办公厅指出，政府向社会力量购买服务的内容为适合以市场化方式提供、社会力量能够承担的公共服务，突出公共性和公益性。在教育、就业、社保、医疗卫生、住房保障、文化体育及残疾人服务等基本公共服务领域，要逐步加大政府向社

---

① 习近平. 关于《中共中央关于全面深化改革若干重大问题的决定》的说明 [J]. 学理论，2014（1）：11-15.

会力量购买服务的力度①。

党的十九大报告指出，中国特色社会主义已经进入新时代，这是我国发展的新的历史方位。体育作为社会发展的组成部分，在全面建成小康社会、基本实现社会主义现代化、建设社会主义现代化强国中承担的历史使命更加明确和重要。我国体育事业的发展更需要坚持以习近平新时代中国特色社会主义思想为引领，围绕十九大报告中关于体育的"三大任务"，解决体育事业发展中不平衡不充分的问题，解决竞技体育发展存在的一系列矛盾问题，下大力气从根本和顶层设计上进一步深化体育改革，提高竞技体育水平，进一步发挥竞技体育在社会发展中的作用，为满足人民群众对美好生活的向往提供更多更好更丰富的体育供给。

党的十九大报告指出，完善公共服务体系，保障群众基本生活，不断满足人民日益增长的美好生活需要。伴随着全面深化改革工作不断朝纵深方向发展，促进政府管理职能变革、创新政府社会管理理念与方法是目前政府改革的关键。政府以"委托代理"的方式与社会承购方在社会公共服务购买方面所缔结的契约关系，能够有效地盘活社会富余资源，不断地促进政府公共服务管理能力的提升。由此可见，创新政府购买公共服务的机制与方法，对于转变政府管理职能及释放政府管理改革红利，具有极强的战略意义与实践价值。体育界必须统一对全面深化改革目标与方向的认识，以适应市场经济体制、改革和转换机制为核心，实现政府、社会、市场三元主体和谐共生②。

---

① 国务院办公厅关于政府向社会力量购买服务的指导意见 [J]. 大社会，2019（2）：30-31.

② 何强，冉婷. 关于全面深化体育改革几个基本问题的研究 [J]. 天津体育学院学报，2014，29（2）：113-118.

4.1.5.2 排球后备人才培养体制

2016 年，国家体育总局印发《体育事业发展"十三五"规划》，为体育事业发展指明方向。规划明确提出必须始终坚持以改革促发展，破除体制机制障碍，充分发挥市场在体育资源配置中的决定性作用，同时更好地发挥政府作用，积极培育社会力量参与体育发展，不断完善中国特色体育发展道路，对体育发展新模式进行探索。大力引导、培育、扶持体育社团、体育民办非企业单位，不断完善基本公共体育服务。加快建设水平较高、内容完备、惠及全民的基本公共体育服务体系；充分发挥竞技体育举国体制优势，积极调动社会各界力量，拓宽后备人才培养渠道，构建富有成效的后备人才培养体系。改革与完善三级训练网络，充分发挥学校尤其是体育院校在后备人才培养中的积极作用。

2016 年，国家体育总局颁发了《青少年体育"十三五"规划》，明确提出建立政府主导、部门协同、全社会共同参与的青少年体育发展格局，不断推进青少年体育公共服务、体教结合、组织建设和训练等方面的改革①。政府主导、多方参与的公共服务方向已经明确，新的青少年体育培养模式正在探索建立。

4.1.5.3 排球后备人才主要来源

目前乃至未来，"举国体制"依旧是国家培养体育后备人才的主要模式。从当前情况看，以学校、社会为代表的后备人才培养渠道逐渐显现，开始形成以三级训练为主、以体教结合和社会培养为辅的后备人才培养体系。政府始终是我国体育后备人才培养的主导者和推动者，而在此契机下应运而生的政府购买公共服务培养排球后备人才的体系必然是"举国体制"在新时代的新产物。

---

① 青少年体育"十三五"规划 [N]. 中国体育报，2016-09-20（007）.

4.1.6 小结

研究表明，我国排球后备人才培养发展经历了五个主要阶段，每个阶段均具有与其时代特征相符合的培养特征，社会和学生群体是体育后备人才的主要来源，国家投入是资金和资源的主要来源。我国竞技体育人才培养培育阶段，"普及与提高并重"的方针快速提升了我国体育整体水平。国家成立国家体委和体训班，学习苏联模式由国家负担全部经费。探索阶段，排球后备人才主要由社会人员、学生和部队人员组成。"举国体制"培养模式形成阶段，受自然灾害等的影响，排球后备人才严重萎缩，为快速提升运动成绩，以国家队、省队为龙头，重点业余体校为龙身，基层业余体校为龙尾的"一条龙"培养模式逐步建立。推进阶段，排球后备人才的来源以学校和各级体校输送为主，经费及管理由国家全权负责。"举国体制"培养模式稳定和发展阶段，"举国体制"的建立在特定时期快速提高了我国竞技体育水平和运动成绩，取得了巨大成功。但该时期，"举国体制"下排球后备人才来源局限在三级训练培养模式下，限制了后备人才储备规模。市场经济推动后备人才培养变革阶段，体制改革是这一阶段的主题，为适应社会发展建立的"体教结合"模式，是多元培养后备人才的回归。但"体教结合"模式并没有从根本上解决排球后备人才规模扩大和水平提高这两个关键问题，三级训练培养模式依旧是排球后备人才的主要来源。新时代体育强国建设阶段，体育事业发展面对新的要求，需要鼓励市场竞争机制的引入和全社会的参与。通过公共服务解决民众需求，通过社会组织参与促进排球后备人才培养形式多元化，以适应社会发展，创新排球后备人才培养方式。

4.2 我国排球后备人才培养现状及问题

4.2.1 我国排球后备人才培养的影响因子指标筛选

4.2.1.1 指标初选

本书选取的指标主要通过查阅文献资料,对基层教练员、排球领域专家进行访谈得出,确定了影响因子33项,见表4-1。可以系统、客观地体现影响我国排球后备人才培养的主要因素。

表4-1 我国排球后备人才培养影响因子初选指标

序号	影响因子
1	竞赛充足
2	竞赛管理体系
3	裁判员影响
4	排球后备人才管理体系
5	后备人才培养系统性
6	政策影响
7	组织管理实施
8	基层人数发展规模
9	经费投入
10	经费渠道
11	在役运动员出路
12	运动员上升渠道
13	教练员管理
14	教练员指导思想
15	教练员结构
16	教练员年龄、职称

续表

序号	影响因子
17	教练员培训
18	教练员学历
19	教练员待遇
20	运动员数量
21	身体条件
22	心理、智能条件
23	竞赛情况
24	运动员选材
25	运动员输送情况
26	学训矛盾
27	学习训练时间
28	学习训练效果
29	排球运动的普及程度
30	家长意愿
31	社会保障
32	医疗保障
33	社会救助

通过访谈排球领域专家、青少年运动队教练员以及排管中心相关领导，对初选的33项指标从结构、内容和文字表述方面进行筛查，并提出修改意见，根据专家意见对文字表述不清的指标进行修改，最终得到20项。删除指标说明：（1）教练员的指导思想属于运动员在训练和比赛时的情况，对运动员的影响也相对较小；（2）运动员的身体条件和心理、智能等几个指标对运动员的培养模式几乎不存在影响。根据上述

意见，对指标进行处理，共有 20 个指标入选，见表4-2。

表4-2 第一次因子分析公因子方差表

序号	指标	初始	提取
1	竞赛管理体系	1.000	0.749
2	裁判员影响	1.000	0.308
3	排球后备人才管理体系	1.000	0.284
4	后备人才培养系统性	1.000	0.819
5	政策影响	1.000	0.794
6	组织管理实施	1.000	0.198
7	后备人才发展规模	1.000	0.706
8	经费投入	1.000	0.791
9	经费渠道	1.000	0.845
10	运动员上升渠道	1.000	0.093
11	教练员管理	1.000	0.846
12	教练员结构	1.000	0.912
13	教练员培训	1.000	0.282
14	教练员学历	1.000	0.364
15	运动员输送情况	1.000	0.687
16	运动员选材	1.000	0.851
17	学训矛盾	1.000	0.739
18	排球运动的普及程度	1.000	0.728
19	家长意愿	1.000	0.817
20	社会保障	1.000	0.033

提取方法：主成分分析。

4.2.1.2 优化指标

为了从更加宏观的角度了解影响我国排球后备人才培养的问题，本书将多个相互关联的变量转化为几个少数独立的因子。因此，本书采用因子分析方法对选择的 20 个指标进行分析，以便更加综合地评价我国排球后备人才培养的影响因子。

第一次因子分析：在进行因子分析前首先要确定该指标是否可以进行因子分析，因此笔者先对指标进行了 KMO 检验和 Bartlett 球形检验，从表 4-3 可以看出 KMO 的值为 0.706（$X^2 = 736.482$，Bartlett 球形检验的显著性为 0.000<0.05），根据统计学要求，KMO 值大于 0.5 则可以进行因子分析，因此这些指标可以进行因子分析。

表 4-3　第一次 KMO 检验和 Bartlett 球形检验

KMO 检验	度量	0.706
Bartlett 球形检验	近似卡方分布	736.482
	自由度	105
	显著性	0.000

因子提取：对所选因子公因子方差的初始结果进行分析，提出重合度较高的因子，大多数因子具有较高的共同度，说明提取的因子可以反映大量信息，同时也说明因子分析的效果较好。反映了我国排球后备人才培养部分因子还存在共同度，而有 7 个因子的共同度低于 0.4，如社会保障、裁判员影响等，从统计学角度上讲，一般基础低于 0.4 的因子共同度较低。因此，对共同度低于 0.4 的因子进行删除，但根据专家意见保留了"教练员培训"，结果见表 4-4。

表4-4　第二次因子分析公因子方差表

序号	指标	初始	提取
1	竞赛管理体系	1.000	0.749
2	后备人才培养系统性	1.000	0.799
3	政策影响	1.000	0.794
4	后备人才发展规模	1.000	0.706
5	经费投入	1.000	0.691
6	经费渠道	1.000	0.845
7	教练员结构	1.000	0.912
8	运动员输送情况	1.000	0.764
9	教练员管理	1.000	0.687
10	运动员选材	1.000	0.851
11	学训矛盾	1.000	0.739
12	排球运动的普及程度	1.000	0.728
13	家长意愿	1.000	0.817
14	教练员培训	1.000	0.925

提取方法：主成分分析。

4.2.1.3　指标确定

第二次因子分析：由于删除了6个指标，需要对剩下的14个指标重新进行因子分析，$X^2 = 687.491$，KMO的值为0.822>0.5，Bartlett球形检验的显著性为0.000<0.05，具有较高的显著性，因此调查问卷的数据可以进行因子分析。

表4-5　第二次 KMO 检验和 Bartlett 球形检验

KMO 检验		度量	0.822
Bartlett 球形检验		近似卡方分布	687.491
		自由度	91
		显著性	0.000

因子提取：从公因子方差可以看出没有小于 0.4 的因子，共提取 4 个因子，有些因子的载荷较大，不利于因子解释。因此，需要对因子进行旋转，因子旋转之后的结果见表 4-6。在旋转后并未出现双载荷因子，即所有指标都没出现因子载荷系数全部小于 0.4 的情况。

表4-6　旋转成分矩阵（a）

指标	成分			
	1	2	3	4
竞赛管理体系	−0.036	0.223	0.705	0.049
后备人才培养系统性	0.285	0.152	0.856	−0.011
政策影响	0.795	−0.02	0.146	0.05
后备人才发展规模	0.904	0.028	0.023	−0.017
运动员选材	0.259	0.818	−0.389	−0.179
经费渠道	0.305	−0.08	−0.199	0.890
运动员输送情况	−0.422	0.943	0.013	0.145
教练员管理	0.098	0.114	0.801	−0.022
教练员结构	−0.082	0.879	−0.783	−0.111
教练员培训	0.018	0.157	0.874	0.021
经费投入	0.214	0.030	0.020	0.838
学训矛盾	−0.011	0.889	−0.038	−0.01

指标	成分			
	1	2	3	4
排球运动的普及程度	0.711	0.278	0.084	0.05
家长意愿	0.891	-0.097	-0.173	-0.44

提取方法：主成分分析。

旋转法：具有 Kaiser 标准化的正交旋转法。

a. 为旋转在 7 次迭代后收敛。

通过旋转之后特征值大于 1 的因子共 4 个，见表 4-7。其累积贡献率大于 73.756%。因此，显然可以用 4 个因子解释 14 个指标，并以此来描述现阶段我国排球后备人才培养存在的问题。

表 4-7　因子解释的总方差的特征值

成分	初始特征值			提取平方和载入			旋转平方和载入		
	合计	方差的/%	累积/%	合计	方差的/%	累积/%	合计	方差的/%	累积/%
1	5.408	41.599	41.599	5.408	41.599	41.599	4.104	31.567	31.567
2	1.664	12.803	54.402	1.664	12.803	54.402	2.654	20.419	51.985
3	1.479	11.378	65.780	1.479	11.378	65.780	1.628	12.525	64.510
4	1.037	7.977	73.756	1.037	7.977	73.756	1.202	9.246	73.756

提取方法：主成分分析。

第一个因子包括 4 个指标，分别为后备人才发展规模、排球运动的普及程度、政策影响、家长意愿，这几个指标都与运动员周边的发展环境相关，因此将其命名为发展环境因子。第二个因子包括 4 个指标，分别为教练员管理、教练员培训、竞赛管理体系、后备人才培养系统性，这 4 个指标主要反映管理体制对后备人才培养的影响，因此将其命名为管理因子。第三个因子包括 4 个指标，分别为运动员选材、教练员结构、学训矛盾、运动员输送情况，这4个指标与训练因素相关，因此将其命名为训练因子。第四个因子包括两个指标，为经费渠道和经费投入，这两个指标与经济相关，因此将其命名为经济因子，具体见因子划分及命名情况表，见表4-8。

表4-8　因子划分及命名情况表

主成分命名	指标名称
发展环境因子	后备人才发展规模
	排球运动的普及程度
	政策影响
	家长意愿
管理因子	教练员管理
	教练员培训
	竞赛管理体系
	后备人才培养系统性
训练因子	运动员选材
	教练员结构
	学训矛盾
	运动员输送情况
经济因子	经费渠道
	经费投入

根据专家筛选、因子分析结果以及主成分提取，最终确定了影响我国排球后备人才培养的主要因子。其中包括4个一级指标，14个二级指标。这些指标是影响我国目前排球后备人才培养发展的主要原因。通过这些因子的内容对我国排球后备人才培养现状进行调查研究，可发现影响我国排球后备人才培养的主要问题。

4.2.2　我国排球后备人才培养的发展环境

排球运动的发展与周围的环境是分不开的。据资料显示，20世纪80年代中国女排夺冠期间我国排球运动发展极好，后备人才数量近3万人①。但由于种种原因，到2000年参加排球训练的运动员只有3385人②。而美国等排球运动开展得较好的国家，则拥有较为庞大的排球人口。参加美国大学生排球联赛的有3000多支女排队伍、1000多支男排队伍。相比之下，参加中国大学生排球联赛的男女队伍总和仅有100支，由此可以看出后备人才数量严重不足是制约排球项目发展的重要因素。

4.2.2.1　排球后备人才发展规模

后备人才的数量、质量直接影响运动项目发展。青少年排球人才培养的滞后和项目人数的匮乏已经严重影响我国排球运动的可持续发展。中华人民共和国成立后，运动员数量不断增多，质量不断提高。到1978年，排球运动员人数达到21 945人③，这为20世纪80年代我国夺得五连冠奠定了强大的人才基础。

笔者通过多种形式对我国竞技体校、中学排球传统学校和排球后备人才培养基地的排球运动员数量进行了调查，获得以下数据，见表4-9、表4-10。竞技体校中的运动员，17岁以下的共723人，其中男子11岁以下的共74人，12~13岁的共93人，14~15岁的共89人，16~17岁的共125人；女子运动员中11岁以下的共80人，12~13岁的共

---

① 潘迎旭.我国排球运动可持续发展的理论研究［D］.北京：北京体育大学，2003.

② 引自排球运动管理中心副主任张蓉芳在2001年全国排球训练工作会议上的题为《深化改革，开拓进取，重振中国排球雄风》的讲话稿。

③ 全国体育事业统计资料汇编（1949—1978）［G］.北京：中华人民共和国体育运动委员会，1979：146.

104 人，14~15 岁的共 72 人，16~17 岁的共 86 人。中学当中 11 岁以下的学生运动员占总数的 12.00%，12~15 岁的占 50.45%，15 岁以上的占 37.55%。从统计结果可见，目前我国排球后备人才的发展规模远远小于排球发达国家。由于整体规模较小，其产生的社会影响也相应较小，在一定程度上造成了广大人民群众对于排球项目的认知度不高，影响了群众参与排球运动的积极性。

表 4-9　竞技体校后备人才一览表

	11 岁以下	12~13 岁	14~15 岁	16~17 岁
男	74	93	89	125
女	80	104	72	86
总数	154	197	161	211

表 4-10　中学排球后备人才统计一览表

	11 岁以下	12~13 岁	14~15 岁	16~17 岁
男	71	155	194	271
女	101	174	200	267
总数	172	329	394	538

4.2.2.2　排球运动的普及程度对排球后备人才培养的影响

运动项目的普及程度有时会影响公众对该项目的认知程度。在中国女排五连冠时期，排球运动群众基础较好，女排精神得到推崇，这一时期我国排球后备人才的基础非常庞大。随着篮球运动在民间的普及，成千上万的青少年有意愿投身于篮球运动。与此对应，认识和了解普及度较低的排球项目的人群越来越少，后备人才数量逐渐减少。47.44% 的教练员认为排球运动的普及程度非常影响后备人才的培养，28.47% 的教练员认为排球运动的普及程度影响了排球后备人才的培养，仅有 2.19%的教练员认为排球运动的普及程度不会影响排球后备人才的培养，见表 4-11。

表 4-11 排球运动的普及程度对排球后备人才培养的影响（ *n* = 137）

	非常影响	影响	一般	不影响	非常不影响
人数	65	39	21	9	3
百分比	47.44%	28.47%	15.33%	6.57%	2.19%

4.2.2.3 政策对排球后备人才培养的影响

57.66%的教练员认为政策非常影响后备人才培养，28.47%的教练员认为政策影响了排球后备人才的培养，仅有 2.19%的教练员认为不影响。教练员们普遍认为，国家的政策对排球后备人才培养影响较大，从历史沿革的梳理中发现，我国后备人才培养与政策、社会的联系密切。不同历史时期的国家政策造成后备人才培养效果的差异。研究发现，由于国家开始实施"奥运争光计划""全运战略"等，国家体委对大部分运动项目进行了重新划分，为能够获得金牌的项目提供大力支持①，重点转向了金牌项目，致使有些省、区、市的体育运动学校将一些"获利"较低的运动项目边缘化，其中就包括排球项目。因此，政策对排球后备人才培养影响很大，见表 4-12。

---

① 张波，汪作朋，葛春林．等．我国竞技体育后备人才培养的审视与发展路径［J］．体育文化导刊，2018（7）：57-61．

表 4-12　政策对排球后备人才培养的影响（$n=137$）

	非常影响	影响	一般	不影响	非常不影响
人数	79	39	16	3	0
百分比	57.66%	28.47%	11.68%	2.19%	0.00%

4.2.2.4　家长意愿对排球后备人才培养的影响

家长是青少年的第一监护人，对未成年人有行为上的决策权。随着我国社会的不断发展，社会竞争越来越激烈，社会生存、择业对于文化水平的要求越来越高，致使大部分家长盼望孩子成才心切，更加关注孩子的学习成绩，轻视了让孩子接受体育锻炼和获得运动技能的重要性。60.58%的教练员认为家长意愿非常影响排球后备人才的培养，29.20%的教练员认为较有影响，9.49%的教练员认为影响程度一般，仅0.73%的教练员认为不太影响，见表4-13。调查中还发现，为了让有条件的青少年参加排球训练，教练员需要花费大量时间和精力做家长的思想工作。

表 4-13　家长意愿对排球后备人才培养的影响（$n=137$）

	非常影响	较有影响	一般	不太影响	非常不影响
人数	83	40	13	1	0
百分比	60.58%	29.20%	9.49%	0.73%	0.00%

综上所述，目前我国排球后备人才培养的整体环境不尽如人意，整体培养规模和数量均小于排球发达国家，排球运动在群众中的普及度和认知度较低，目前尚无有力政策支持排球运动发展。受到上述原因影响，家长对于让青少年从事排球运动的意愿不强，整体环境不利于排球后备人才的培养。

4.2.3 我国排球后备人才培养的训练情况

4.2.3.1 运动员选材

运动员选材是后备人才培养的重要部分，选拔具有先天优势的优秀人才是后备人才培养成功的基础，是否具有运动天赋和培养潜质是未来能否成为优秀运动员的先决条件和重要保证。

运动天赋决定着后备人才是否能够成为高水平运动员，选材范围关系到有天赋的青少年能否成为后备人才。有57.66%的教练员认为运动员选材非常重要，34.31%的教练员认为运动员选材重要，但在对我国排球后备人才的选材范围进行调查时发现，有32.84%的教练员认为由于多方面的影响，我国现阶段的选材范围不大。绝大部分教练员认为选材重要，但面临的具体情况是，选材范围日渐缩小，具有排球运动天赋的青少年无法成为排球后备人才，见表4-14、表4-15。有45.98%的教练员认为后备人才质量明显下降，有30.65%的教练员认为后备人才质量略有下降，有10.22%的教练员认为没有变化，仅有13.15%的教练员认为后备人才质量有所提高，见表4-16。

表4-14 运动员选材的重要程度（n=137）

	非常重要	重要	一般	不重要	非常不重要
人数	79	47	10	1	0
百分比	57.65%	34.31%	7.30%	0.73%	0.00%

表4-15 选材范围是否广泛（n=137）

	非常广泛	比较广泛	一般	不太广泛	非常不广泛
人数	9	21	28	34	45
百分比	6.57%	15.33%	20.44%	24.82%	32.84%

表 4-16 后备人才质量是否下降 (n=137)

	较大提高	略有提高	没有变化	略有下降	明显下降
人数	8	10	14	42	63
百分比	5.85%	7.30%	10.22%	30.65%	45.98%

排球后备人才的质量仅在排球联赛成绩较好的几个省份相对较高，如山东、江苏、天津等省市的体校及训练基地（潍坊市体育运动学校、济南市体育运动学校、南通市体育运动学校、天津市体育运动学校），但在进一步调查过程中发现，由于国家政策的原因，大部分的学生都选择了升学，而没有时间参加排球训练或者是体育训练，最终导致现在的排球后备人才质量与前几年相比有明显下降。

4.2.3.2 教练员结构

教练员是训练工作的直接实施者。在训练过程中，大部分训练内容由教练员进行直接掌控[1]。教练员的知识结构、运动经历等，对提升排球后备人才培养的质量具有重要意义。

教练员的学历水平代表着教练员在学校接受的文化教育程度，其学历结构可以代表教练员的知识结构、知识量、知识层次水平，能够评价教练员的文化基础和学习能力。目前体校教练员的学历以本科学历为主，占 36.11%，其次是大专及大专以下学历，分别占 22.22% 和 25.00%，拥有研究生学历的仅占 16.67%；学校系统教练员学历大部分为本科以上，其中研究生（含硕士和博士）占 38.62%，本科占 44.55%，而大专学历和大专以下学历仅占总数的 16.83%，见表 4-17。通过对比

---

[1] 赵芳，孙民治. 我国高级篮球教练员现状调查与对策研究 [J]. 武汉体育学院学报，2002（2）：63-65.

两个系统教练员的学历，可发现体校系统的教练员的学历结构还存在一定的不足，在一定程度上影响了我国排球后备人才培养的科学水平。

表 4-17 教练员学历结构 （$n=137$）

	研究生	本科	大专	大专以下
体校	6	13	8	9
	16.67%	36.11%	22.22%	25.00%
学校	39	45	13	4
	38.62%	44.55%	12.87%	3.96%

教练员的运动经历和竞技水平一般用运动等级进行衡量，运动等级越高，参加的高水平赛事越多，且取得较好的运动成绩的次数越多就说明其竞技水平相对较高[①]。体校教练员以健将为主，占总数的 44.44%，一级运动员占 38.89%，二级运动员占 13.89%。而学校与体校两个系统的教练员的运动等级有着本质的区别，学校系统的教练员中 43.56% 为二级运动员，通过调查发现这些教练主要是全国各体育院校或其他高校体育学院毕业的学生，有 16.83% 为三级运动员，还有 28.71% 的教练员没有等级，见表4-18。

表 4-18 教练员运动经历表 （$n=137$）

	健将	一级	二级	三级	无级别
体校	16	14	5	1	0
	44.44%	38.89%	13.89%	2.78%	0.00%
学校	5	6	44	17	29
	4.95%	5.94%	43.56%	16.83%	28.71%

---

① 杨桂茹. 河北省业余体校排球教练员现状调查 ［D］. 石家庄：河北师范大学，2016.

由此可知，目前我国排球后备人才培养主体教练员结构存在较大问题。学校和体校的教练员在学历、运动经历方面存在较大差异，学校教练员的学历相对较高，具有较为完善的理论知识，但在技战术理解、实践训练、发现技术问题方面与体校教练员相比差距较大。而体校教练员学历相对较低，大多是在退役后直接进入教练员岗位，专业技术较强，但他们由于文化知识不足，在科学训练、计划安排和理论知识等方面与学校教练员存在差距，基本还是采用"师父带徒弟"的训练方式。笔者在调查过程中发现，有一部分教练员对教育学等知识不了解，还采用打骂、体罚等形式，在一定程度上影响了青少年运动员的身心发展，导致其不愿从事排球训练。随着社会的进步，后备人才培养对教练员水平提出了更高的要求，无论是学校教练员还是体校教练员都要具备较为扎实的专业知识，此外还应具备心理学、教育学等多学科知识。

4.2.3.3　学训矛盾

运动员是训练的主体，而训练时间和训练频率影响后备人才水平的提高。运动训练是循序渐进的过程，由于运动训练过程的复杂性和多样性，想获得好的训练效果需要有足够的训练时间作为保证。训练时间短、频率低，则不能达到有效刺激，若训练时间过长和训练频率过高会给运动员的身心健康造成极大的伤害，不仅导致运动员伤病的发生，还会过多占用运动员学习文化知识的时间。

排球后备人才正处于青少年时期，是科学文化知识学习和人生观、世界观形成的重要时期，文化学习对于后备人才日后的发展尤为重要。大多数教练员认为文化学习与训练是相互促进的关系，二者应兼顾。因此，32.84%的教练员认为运动员文化学习非常重要，42.34%的教练员认为运动员学习很重要。但在具体实施过程中，由于训练的时间紧迫、强度大，在基层训练中，大部分青少年运动员的文化学习只是流于形式，文化知识支撑不足，有的体校还存在缺少文化课教师的现象，导致后备人才文化水平不高，难以适应社会发展对人才的要求，不利于后备人才自身的发展提高，见表4-19。

表4-19 运动员文化学习的重要性 （$n=137$）

	非常重要	很重要	一般	不重要	非常不重要
人数	45	58	26	8	0
百分比	32.84%	42.34%	18.98%	5.84%	0.00%

52.78%的体校每周训练次数集中在6~7次，相当于每天都进行训练。38.89%的体校训练时间集中在3~4小时，由于训练时间长、强度大，运动员学习时间较少，学习质量无法保证。每周训练次数为3~5次的体校占16.67%，训练时间在3次以下和7次以上的体校相对较少。学校系统每周训练的次数主要集中在3~5次，占46.54%，且每次训练时间集中在1~2小时，占比为42.58%。学校将训练时间集中安排在每天放学之后，基本不占学习时间，有效缓解了学训矛盾。因此，在未来升学过程中，大部分运动员都进入了高校或专科院校。每周训练次数在3次以下的学校占35.64%。由于对学生学习的重视，尽管家长支持孩子参加排球训练，但不支持孩子训练时间较长。因此，每周排球训练次数在7次以上的学校仅占0.99%，每次训练时间在4小时以上的占4.95%，见表4-20、表4-21。

表 4-20　每周训练次数 （*n* = 137）

	3 次以下 （不含 3 次）	3~5 次	6~7 次	7 次以上 （不含 7 次）
体校	4	6	19	7
	11.11%	16.67%	52.78%	19.44%
学校	36	47	17	1
	35.64%	46.54%	16.83%	0.99%

表 4-21　每次训练时间 （*n* = 137）

	1~2 小时	2~3 小时	3~4 小时	4 小时以上
体校	5	6	14	11
	13.89%	16.67%	38.89%	30.55%
学校	43	40	13	5
	42.58%	39.60%	12.87%	4.95%

　　由此可见，目前我国排球后备人才培养中的学训矛盾突出，严重影响排球后备人才储备。现有排球后备人才培养中运动员文化学习的效果相对较差，学训时间安排不合理，训练占用时间长，运动员几乎没有学习时间。虽然体育部门和教育部门都主张将文化学习纳入青少年后备人才培养，但是在具体执行过程中，往往对一些学习效果相对较差的运动员置之不理，使得运动员与普通学生的文化水平差距越拉越大，造成了教育的不公平。部分家长认为从事排球训练会对孩子的学习成绩产生影响，不支持孩子参加体育训练。学校更重视学习成绩，对从事体育项目本身并不支持。而教练员受其自身能力和训练时间的限制，无法承担文化教育工作。综合上述原因，后备人才水平始终难以提高。

4.2.3.4　运动员输送情况

　　竞技体育后备人才输送是在后备人才培养之前或者是培养过程中需

要考虑的重要环节，其输送质量和数量直接反映了教练员和后备人才培养单位的培养水平①。杨国庆指出，随着我国经济和教育方面的发展，当前传统的三级训练培养模式已经不能完全适应我国竞技体育的发展，其塔基出现了严重的萎缩现象，很重要的原因是原有的各级各类体校在人才输送上出现了不同程度的问题②。

　　体校输送渠道中有22.22%的人被输送到专科院校，50.00%的人被输送到省市专业队，8.33%进入高校进行学习或者参加校队训练，19.45%转入社会就业。对学校输送渠道进行调查可发现，学生运动员进入高校和专科院校的比例最大，分别占52.48%和35.64%，说明在学校训练的运动员面临的文化学习和训练竞赛的矛盾较小，训练并没有从本质上影响到学生的学习，见表4-22。此外，由于学生运动员在学校经历的系统训练较少，在身体素质、大赛心理等方面与专业运动员还存在一定差距，因此选择进入省市专业队的比例相对较小，占9.90%。无论是对体校系统的运动员还是对学校系统的运动员，进入高校已成为主流，这在一定程度上顺应了社会对人才的需求，也满足了家长和运动员的希望。同时，排球专业运动员进入高校成为高校排球的主力军③，也为高校排球运动的发展奠定了基础。但在运动员输送过程中还存在着一些不和谐的现象，输送环节还存在不少问题，如人为干预因素、不正当交易等。

---

① 张瑞云. 山东省中学生竞技健美操运动员选拔培养输送的现状及对策研究 [D]. 北京：北京体育大学，2010.

② 杨国庆. 我国竞技体育后备人才多元化培养模式与优化策略 [J]. 上海体育学院学报，2017，41（6）：17-22.

③ 曲爱英，张荃. 对山东省高水平运动员输送状况和体系构建的研究 [J]. 山东体育学院学报，2010，26（7）：80-83.

表4-22 后备人才主要出路情况 (*n*=137)

	高校	专科院校	省市专业队	社会就业
体校	3	8	18	7
	8.33%	22.22%	50.00%	19.45%
学校	53	36	10	2
	52.48%	35.64%	9.90%	1.98%

综上可见，运动员选材对于后备人才培养至关重要，但受发展环境因素影响，目前出现了选材范围缩小、质量下降的现象，一些具有运动天赋的青少年无法从事排球运动。学训矛盾依旧是排球后备人才培养的主要矛盾，体校教练员与学校教练员之间的运动水平和学历差异影响了排球后备人才的培养质量。具体表现为体校教练员专业技术较强，教育教学方面存在不足；学校教练员教育知识体系较完备，技战术训练方面存在不足。训练时间与文化学习时间上的差异，也影响排球后备人才培养质量。高校成为后备人才输送主流，排球专业运动员成为高校排球联赛的主力军。第一，符合社会和家长对于青少年培养的预期；第二，反映出成为职业排球运动员对于家长和青少年缺乏吸引力；第三，表明"体教结合"模式尚未取得改善后备人才培养质量的预期效果。

4.2.4 我国排球后备人才培养的管理情况

管理情况是从特定的管理理念出发，在管理过程中固化下来的一套操作系统①。而我国排球后备人才的培养基本是由体育系统在负责，即"举国体制"培养模式，培养中由体育部门行使管理职权，通过行政干预的手段下达后备人才培养的目标。本次调查发现，管理体制方面的问题也是制约我国排球后备人才发展的重要因素，其中管理体制主要是教

---

① 古松. 新时期中国竞技排球发展战略研究 [D]. 北京：北京体育大学，2012.

练员管理和竞赛管理体系问题。

4.2.4.1 教练员管理

目前我国教练员主要有三个来源：第一，属于教育编制的体育教师，占 63.50%；第二，属于体校编制的教练员，占 26.28%；第三，社会兼职教练员，这部分教练员并没有直属单位进行管理，也可不接受训练单位的管理，见表 4-23。

表 4-23 教练员属性（$n = 137$）

	体校教练员	体育教师	社会兼职教练员
人数	36	87	14
百分比	26.28%	63.50%	10.22%

在调查过程中，有 71.53% 的教练员表示在后备人才培养过程中存在体育系统和教育系统交叉管理的问题，有 28.47% 的教练员本身是学校教师或体校教练员，在本单位工作，表示不存在交叉管理问题，见表 4-24。

表 4-24 训练中是否存在交叉管理（$n = 137$）

	存在	不存在
人数	98	39
百分比	71.53%	28.47%

认为交叉管理对于后备人才培养非常有影响的教练员占 48.90%，认为比较有影响的占 25.55%，认为影响程度一般的占 13.14%，认为不影响和完全不影响的仅占 12.41%，见表 4-25。由于体育部门和教育部门的工作目标不同，因此，二者对于排球后备人才培养的态度和培养方式、方法、目标也不尽相同。当具体问题出现时，教练员在中间难以平衡双方的利益冲突，对排球后备人才培养的质量产生影响。通过对专家

以及体育系统和教育系统的工作人员进行访谈发现，隶属于教育系统的教练员不能管理体育，隶属于体育系统的教练员不能管理教育，这在一定程度上造成了管理的混乱。

表 4-25　交叉管理是否影响后备人才培养（ n = 137）

	非常影响	比较影响	一般	不影响	完全不影响
人数	67	35	18	12	5
百分比	48.90%	25.55%	13.14%	8.76%	3.65%

4.2.4.2　教练员培训

认为培训对教练员能力的提高非常重要的教练员占比 78.83%，认为重要的占 14.60%，但从教练员每年参加培训的次数来看，教练员的培训次数较少，大部分教练员每年的培训次数为 2 次及以下，占比为 87.59%，说明我国教练员的培训次数较少，见表 4-26、表 4-27。

表 4-26　教练员培训的重要性（ n = 137）

	非常重要	重要	一般	不重要	非常不重要
人数	108	20	9	0	0
百分比	78.83%	14.60%	6.57%	0.00%	0.00%

表 4-27　教练员每年参加培训的次数（ n = 137）

	1 次	2 次	3 次	4 次	4 次以上
人数	31	89	14	2	1
百分比	22.63%	64.96%	10.22%	1.46%	0.73%

由此可见，教练员面临的主要问题在于，培养排球后备人才过程中受到来自不同部门的交叉管理，培养目标无法统一；培训次数较少，不利于训练理念和方法的更新。

4.2.4.3 竞赛管理体系

就排球项目而言，运动员与队友之间需要进行技战术的磨合，增强队伍的团队凝聚力、团队精神、比赛意识等，因此运动员需要参加更多比赛。比赛是检验训练成果的有效方式，在比赛中运动员可以获得训练中无法获得的比赛经验，这是人才培养过程中必不可少的要素，运动员竞赛数量的多少也直接制约了项目的发展。但随着我国排球后备人才的逐渐减少，排球比赛的场次、质量都呈现负向趋势。

通过专家访谈得知，目前大部分学校、体校只参加本省市锦标赛、U 系列比赛、全国中学生锦标赛、各省市运动会以及传统项目比赛等国家级比赛，但这种比赛每年开展一次，对于一般的青少年排球后备人才来说机会并不是很多，缺乏区域性比赛。从整体来看，目前我国开设的几项排球赛事无法满足当前我国排球后备人才的交流需要，尤其是在排球后备人才集中的基层青少年间，缺乏比赛的问题更为突出。

有 38.68% 的教练员认为竞赛场次较少，不能满足当前运动员对于比赛的需求，有 21.90% 的教练员认为比赛数量完全不能满足对比赛的需求，有 13.87% 的教练认为比赛数量基本可以满足对比赛的需求，还有 9.49% 的教练员认为比赛数量可以满足当前需求，见表 4-28。研究中，部分教练员认为由于比赛基本设置在上课时间，经常与运动员的学习相互冲突，耽误运动员的学习，如果球队不参加比赛将失去下次参加比赛的机会，这种矛盾在江苏省、四川省实行体教结合后表现得更加突出，使得运动队之间还在延续原有的竞赛体系，不能形成自下而上的竞赛体系。

表 4-28 比赛数量能否满足后备人才培养（$n=137$）

	完全满足	基本满足	一般	不能满足	完全不满足
人数	13	19	22	53	30

	完全满足	基本满足	一般	不能满足	完全不满足
百分比	9.49%	13.87%	16.06%	38.68%	21.90%

竞赛要素存在的问题主要体现在青少年排球运动员的竞赛场次偏少，远不能满足需求上。中国青少年排球训练大纲指出青少年每年参加比赛的场次不得少于 40~50 场。调查结果显示，大部分教练员指出，现在的比赛远远不能满足目前的要求，且相差甚远，同时，笔者在对教练员进行访谈的过程中发现，体校、体育项目传统学校还有机会参加一定数量的比赛，而不在此列的学校可参加的比赛更是少之又少，相关研究发现我国青少年每年参加比赛的平均次数为 2.76 次，而在排球发展较好的邻国日本，青少年排球后备人才每年参加比赛的次数在 20 次以上[1]。因此，排球运动管理中心或排球协会应为青少年排球运动员增加比赛种类和数量，加强各地区城市的合作，形成"集区域比赛"、联赛或跨地区的比赛，为运动员提供多参加比赛的平台机制，增进青少年运动员之间的相互交流，充分发挥比赛的杠杆作用，不断提高后备人才的竞技水平，为我国高水平排球运动队输送更多的后备人才。

4.2.4.4　排球后备人才培养的系统性

调查显示，认为排球后备人才培养非常不系统的教练员占 45.98%，认为不系统的占 27.01%，见表 4-29。深入访谈发现，不系统具体表现在：能够培养排球后备人才的主体太少，局限性太强，造成后备人才培养系统基础薄弱。现有后备人才由于缺乏系统上升渠道造成人才浪费。在专家访谈过程中，有些专家指出一些具体事例证明目前我国体育部门

---

① 白海波. 中日排球后备人才培养管理体制的比较研究 [J]. 沈阳体育学院学报，
　　2006（5）：104-106.

在后备人才培养方面缺乏一定的系统性，如在训练方面还不能解决运动员的学训矛盾、在运动员输送方面还不能解决运动员的出路问题，以及在运动员退役之后不能完全解决运动员的就业问题等，这些问题在很大程度上影响了我国排球后备人才培养的效果。

表4-29 排球后备人才培养的系统性 （$n=137$）

	非常系统	比较系统	一般	不系统	非常不系统
人数	2	13	22	37	63
百分比	1.46%	9.49%	16.06%	27.01%	45.98%

综上可见，由于缺少统一管理制度，教练员隶属关系和培养目标不同，造成了沟通不畅、协调困难等问题。教练员普遍认为接受培训对于提高排球后备人才培养质量十分重要，但由于缺少具有针对性的系统培训，教练员执教能力难以提高。比赛数量和时间均不能满足后备人才培养需要，未能考虑避开学期中，适当缓解学训矛盾。经过多年发展，我国排球后备人才培养过程仍日表现出系统性不足，培养目标、任务不明确的问题，其根本原因在于缺乏顶层设计。

4.2.5 我国排球后备人才培养的经济情况

4.2.5.1 经费渠道

充足的经费是运动训练、创造竞赛成绩的必要保障。无论是作为硬件的训练器材，作为软件的高水平的教练员及康复医疗，还是运动员的日常生活、外出参赛，都需要大量的资金支持。因此，经费情况在某种程度上决定了运动队发展水平的高低，以及竞赛过程中运动员竞技水平的表现。

有8.03%的教练员认为后备人才培养经费非常充足，有10.22%的教练员认为经费比较充足，有 13.87% 的教练员认为经费基本可以满足需求，有 29.93% 的教练员认为经费不充足，有 37.95% 的教练员认为经费非常不充足，见表4-30。

表 4-30　经费是否充足（n = 137）

	非常充足	比较充足	一般	不充足	非常不充足
人数	11	14	19	41	52
百分比	8.03%	10.22%	13.87%	29.93%	37.95%

有 29.93% 的教练员表示后备人才培养资金主要依靠体育局全额拨款，37.96% 表示由教委全额拨款，7.30% 表示由学生自行负担，22.63% 表示由学生与学校共同负担，仅有 2.18% 表示由社会出资，见表4-31。就目前的政策规定和政府资金管理制度，仅依靠政府部门拨款很难满足全部的后备人才培养需要，后备人才培养单位的资金来源渠道较少，只能通过向学生收取费用来填补资金的不足，增加了学生的家庭负担，影响学生参与排球运动的积极性。学校和体校对于社会资金的吸引度和利用率较低，政府部门对于社会资金的管控也比较严格，阻碍了社会资金进入后备人才培养体系。

表 4-31　资金来源途径表（n = 137）

	体育局全额拨款	教委全额拨款	学生全部承担	学校与学生共同负担	社会赞助
人数	41	52	10	31	3
百分比	29.93%	37.96%	7.30%	22.63%	2.18%

4.2.5.2　经费投入

对于有限的资金如何用于后备人才培养，36.50% 的人表示将资金

主要用于竞赛与训练方面，29.93%的表示将上级拨付的经费用于后勤
保障方面，19.70%的表示将用于运动员的伤病方面，13.87%的选择了
其他，见表4-32。竞赛和训练是后备人才资金的主要用途，其中教练
员薪酬及奖励均不包括在其中，采购竞赛、训练相关器材、餐饮和运动
营养补剂等后勤保障工作也是资金的主要用途之一。这样的分配过程就
无暇顾及提高教练员待遇和其他方面开支，资金应用起来就显得捉襟见
肘。其中部分学校没有专项资金来支持排球的训练和比赛，当运动队向
学校申请资金参加比赛时，学校还要根据比赛的规模和任务来拨发经
费。由于参加比赛的队伍越来越少，比赛的规模也就越来越小，组织比
赛的次数也就越来越少。

表4-32 经费支出统计表（$n=137$）

	竞赛、训练	后勤保障	运动员伤病	其他
人数	50	41	27	19
百分比	36.50%	29.93%	19.70%	13.87%

由此可见，目前我国排球后备人才培养方面暴露出的经费问题是：
经费来源渠道单一，主要是体育局或教委的单方面拨款；解决方式单
一，只能通过向学生收费来解决，加重学生家庭负担。由于经费总量受
限，大部分资金用于竞赛、训练和后勤保障，无暇顾及提高教练员待遇
和丰富排球活动。随着我国社会发展的不断进步，对于排球后备人才培
养经费的需求日渐增加，传统依赖单一政府部门拨款的模式已经不能满
足排球后备人才的培养需要。针对参训人员的收费显然又不能在学校中
实施，社会资源因为缺少合理渠道，无法参与排球后备人才的培养
活动。

4.2.6 我国排球后备人才培养的创新情况

排球后备人才培养应顺应时代发展，紧随社会发展潮流，解决目前我国排球后备人才培养中遇到的问题。有 56.93% 的教练员认为非常需要创新后备人才培养模式，20.44% 的教练员认为比较需要，15.33% 的教练员表示无所谓，仅有 7.30% 的教练员认为不需要，见表 4-33。创新排球后备人才培养方式已经成为社会发展的必然。在途径的选择上，教练员普遍认为目前多地开展了新型的排球后备人才培养模式，如北京 101 中学的俱乐部模式，上海市市北中学钱良刚工作室模式。但这些模式究其根源还是建立在体教结合模式的基础之上的，成效显著但规模受限。

表 4-33　排球后备人才培养模式是否需要创新 （ n = 137 ）

	非常需要	比较需要	一般	不太需要	完全不需要
人数	78	28	21	7	3
百分比	56.93%	20.44%	15.33%	5.11%	2.19%

在实际调研过程中，有部分教练指出，随着政府职能转变的加速，"小政府，大社会"的导向越发明确，体育系统也在进行改革，逐渐引入社会力量进入后备人才培养体系当中。2017 年 12 月发布的《关于加强竞技体育后备人才培养工作的指导意见》指出要推动社会力量培养后备人才，鼓励通过政府购买的形式来培养后备人才。北京市通州区和宁夏回族自治区排球协会在这方面进行了大胆尝试，并取得了良好效果，在短期内就得到了业内的认可，成为政府购买公共服务培养排球后备人才的典型案例。两处经验也表明，社会力量的介入可以有效地解决当前我国排球后备人才培养的困境，进一步创新我国排球后备人才培养理论。

4.2.7 小结

目前，我国排球运动由于选材困难、学训矛盾突出、竞赛数量不足以及资金来源单一且投入不足等原因，后备人才培养规模较小，普及程度较低。因教练员能力不均、培训不足，缺少整体管理制度，缺乏支持政策以及培养目标不明确，所以后备人才培养系统性不足，发展环境不利于排球后备人才的培养。迫切需要通过政府购买公共服务的形式将社会力量引入后备人才培养体系，从而实现排球后备人才多元培养，以应对现阶段社会发展和对于排球后备人才培养的需求。

4.3 我国排球后备人才培养政府购买公共服务实践

通过对全国主要城市和全国中学生教练员的调研可以了解到，目前从事排球项目市场运作的企业极少。政府为解决这一市场失灵现象，从新公共管理的理论出发，开始培育专门提供这一类服务的非营利社会组织。我国有两个排球后备人才培养政府购买公共服务组织，分别是宁夏排球协会和北京市通州区腾飞排球运动发展中心。其共同特点是：均为符合国家要求的非营利性社会组织，均采用合同契约的形式分别与宁夏回族自治区体育局和北京市通州区体育局建立合作关系，填补了所在区域排球项目的空白，成为通过政府购买公共服务的形式培养排球后备人才的先行者。笔者通过问卷调查和结构性访谈的形式对两地进行了实地调研，深入分析其发展内容，总结归纳培养方式，以期为创新我国政府购买公共服务培养排球后备人才的模式提供实践依据。

4.3.1 我国排球后备人才培养政府购买公共服务的发展背景

4.3.1.1 北京市通州区腾飞排球运动发展中心发展背景

北京市通州区作为北京城市副中心，是多项改革的试验区、先行区，在政府购买体育公共服务方面更是先行者和探路人。北京市通州区"三大球"项目发展一直较为落后，排球项目一直处于没有学校开展、没有青少年运动队、没有后备人才培养体系、没有区级比赛的尴尬境地。2013年，为落实北京市"三大球"发展战略要求，通州区体育局开始发展排球项目。2014年，《通州区人民政府关于政府向社会力量购买服务的实施意见》进一步明确了政府购买公共服务的形式，动员社会力量参与体育项目发展。参与提供公共服务的公司、社会组织、单项体育协会和民办非营利组织蓬勃发展，涌现出一批承购体育项目服务的机构。但因排球项目技术性较强，对从业人员的要求较高，而专业师资资源又相对匮乏，相比其他项目始终处于无人发展的状态。北京市通州区腾飞排球运动发展中心的建立，旨在在通州区内发展排球项目，组建区级青少年排球队，培养排球后备人才，承办区内排球比赛，进行排球项目推广。

4.3.1.2　宁夏排球协会发展背景

宁夏回族自治区的排球项目开展受到当地经济发展和排球资源匮乏的制约，相对其他省、区、市一直以来处于落后的状态。2001年，宁夏排球协会成立，它是以发展排球项目为主要工作，公民自愿成立的非营利性社会组织。2014年初，为了加强宁夏竞技体育事业的发展，促进宁夏回族自治区竞技排球运动水平的提高，带动学校排球运动的开展，做好第十三届全国运动会备战工作，建立起宁夏青少年排球后备人才的培养体系，经宁夏回族自治区体育局、宁夏排球协会等部门的多方调研、论证，决定由宁夏排球协会牵头，会同宁夏回族自治区体育局，以政府购买公共服务的形式共同组建宁夏青少年女子排球队。同年4月，宁夏回族自治区体育局与宁夏排球协会共同签署了《宁夏体育局与宁夏排球协会共建宁夏青年女子排球队协议》。此协议的签署标志着宁夏回族自治区以政府购买的形式与宁夏排球协会在资源共享、优势互补、共同提高的开放式运动队建设方面迈出了新的一步，更是双方共同拓宽宁夏回族自治区排球高水平运动员培养途径、提高排球竞技水平、推广排球运动、搭建共赢合作模式的里程碑，结束了宁夏多年以来没有专业排球队的历史，实现了"零"的突破。

宁夏排球协会和北京市通州区腾飞排球运动发展中心，经过多年的发展已经形成了以政府购买为主导、社会组织参与的以共同发展排球项目、建设排球后备人才培养体系、取得竞赛成绩为目的的政府购买公共服务培养排球后备人才模式。

4.3.2 我国排球后备人才培养政府购买公共服务的发展规模

扩大学校开展排球项目的规模是储备排球后备人才的客观需要。特别是在零基础的区域内，快速在中小学校中开展排球项目，建立中小学间相衔接的排球后备人才培养体系，是加速推进排球运动普及，增加排球运动参与人数，促进排球后备人才涌现的有效途径。笔者在调查过程中发现，宁夏回族自治区银川市和北京市通州区，分别通过宁夏排球协会和北京市通州区腾飞排球运动发展中心承购公共体育服务的形式，快速完成了上述目标，排球运动在各自区域内得到了迅速普及，参与人数迅速增加，为培养后备人才创造了条件。

4.3.2.1 学校排球开展情况

随着社会组织的参与，短期内这两个区域开设排球项目的学校数量迅速增加，分别从 2013 年通州区 2 所和银川市 3 所，增加到 2017 年的 18 所和 26 所，见图 4-1。通过访谈，社会组织进入学校开展排球项目的主要形式是进入学校组建排球队和利用课后一小时开展运动和训练。

2014 年北京市出台的《关于在义务教育阶段推行中小学生课外活动计划的通知》（以下简称《通知》）、《北京市中小学生课外活动计划资金使用管理办法》两个政策文件，都明确以"政府购买服务"的方式为全市在校中、小学生提供体育、文艺、科普等课外活动，确定包括高校在内的社会力量是政府购买中、小学生体育服务的定向委托对象。政策的保障使社会组织可以向不同的学校提供排球教学服务。

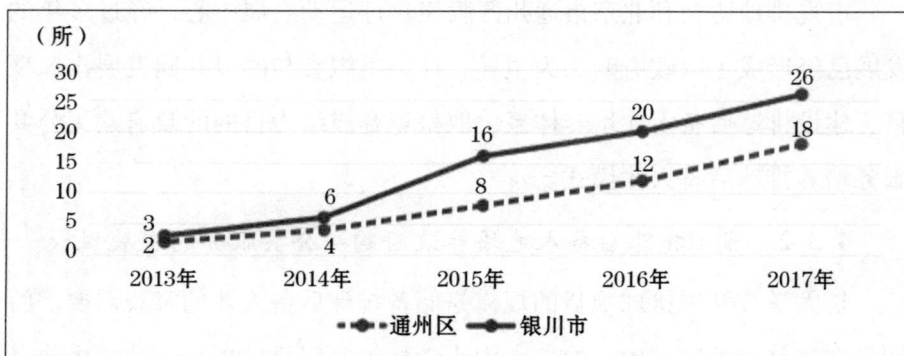

图 4-1 通州区、银川市历年开办排球学校的数量

4.3.2.2 排球参与人口情况

有 83.33% 的教练员认为社会组织参与后，排球后备人才数量得到明显改善，11.11% 的教练员认为较有改善，5.56% 的教练员认为一般或没有改善，见表 4-34。

表 4-34 引入社会组织参与培养排球后备人才后后备人才的数量情况（ $n=36$ ）

	明显改善	较有改善	一般	没有改善	有所下降
人数	30	4	2	0	0
百分比	83.33%	11.11%	5.56%	0.00%	0.00%

通州区和银川市排球人口呈逐年上升趋势。2013 年排球后备人才

培养政府购买公共服务组织创建时，通州区青少年排球人口仅有 20 余人。经过 4 年的高速发展，2017 年通州区青少年排球人口已经达到 500 余人。银川市青少年排球人口从 2013 年的 38 名，至 2017 年已经增长到近 600 人，见图 4-2。通过在青少年中快速普及排球项目，增加了排球人口，保证了排球后备人才培养过程中的基础供给。由此可见，社会资源的引入，补充了体育、教育系统内排球项目的师资力量，快速增加了参与排球项目的人口数量。

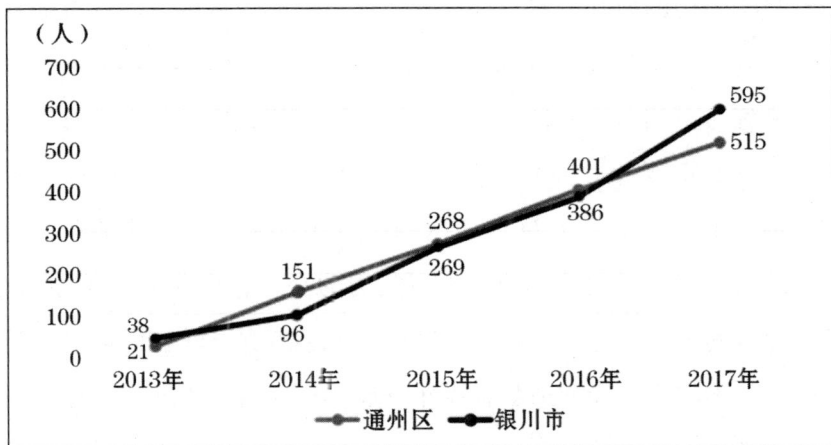

图 4-2　通州区、银川市青少年排球人口的发展趋势

　　运动项目整体参与人数下降是导致竞技体育后备人才呈下降趋势的主要原因①。后备人才涌现与此项运动人口基数的增加是密不可分的，只有通过增加排球项目人口基数，才能使更多具有排球运动天赋的青少年成为排球后备人才。

　　目前我国排球后备人才选拔特点是适龄青少年集中在中、小学内，

① 刘亚云．社会转型期中国竞技体育人才培养模式研究［D］．长沙：湖南师范大学，2011.

政府购买公共服务的优势就在于通过社会组织引入丰富的教师资源,可同时满足在多所学校开展排球教学、训练工作的需求,打破了原有体制内教师、教练员数量较少且不能自由地在不同学校授课的瓶颈,充分发挥了市场经济的优势,使社会资源得到高效利用。政府通过购买公共服务的形式引入社会组织开展排球项目,急速带动了区内各学校共同参与,激发了沉淀已久的区内原有排球资源。笔者在访谈中发现,受到社会组织在重点学校开展排球项目的激励后,许多学校开始调动本校有排球运动教学经历的教师开展排球教学,逐步形成区域内良好的排球教学氛围。而各学校主动开展排球项目的原因在于:(1)看到了排球项目发展的良好势头和本区在排球项目上取得的成绩,更多的学校意识到开展排球运动的重要性;(2)部分学校引进了排球教师,为提高学校排球水平创造了条件;(3)区内丰富的排球比赛和各类交流活动,为学校的排球教师提供了展示自我、施展能力的平台,充分激活了原有中、小学中蕴藏的教师资源,激发了教师活力。随着参与学校的增加,越来越多的学校能够直接面向适龄青少年开展排球项目,为增加排球参与人口创造条件。通过排球运动在中、小学校的快速开展,排球后备人才培养政府购买公共服务模式对于排球人口增长的促进效果已经显现。

4.3.3　我国排球后备人才培养政府购买公共服务的教练员结构

教练员是实际训练的组织者与管理者,教练员的专业水平和对排球技战术的理解对青少年运动员的身心发展和专业水平起着至关重要的作用①。教练员在整个训练过程中起主导作用,排球教练员的基本素质受教育程度和专业技术理解程度的限制,合格的教练员直接影响排球后备

---

① 田麦久,刘建和,延烽,等. 运动训练学 [M]. 北京:人民体育出版社,2000:451-452.

人才培养的质量。北京市通州区和宁夏回族自治区银川市的共同特点就在于原有体育和教育系统内部缺乏专职排球教练员资源，严重制约了该地区排球项目的发展和运动水平的提高。因此，构建高水平教练员团队是保证排球运动发展和排球后备人才培养质量的重要条件。

通过政府购买公共服务，由社会组织以市场运作的形式，可以将散落在社会上的教练员和潜在的从业人员重新整合起来，形成稳定且具有一定水平的教练员团队。笔者在实地考察中发现，社会组织可以聘请经验丰富的退休老教练和具有专业经历的高校教师作为兼职教练员，整合社会非在职人员和高校学生，通过专门的培训和管理使之成为能够承担排球后备人才培养任务的教练员，为发展排球项目、扩大排球后备人才培养规模提供服务。这种方式改变了以往只能通过体校教练员和学校教师完成排球训练的模式，破除了编制的束缚，使更多优秀的排球训练资源能以购买服务的形式进入学校。

4.3.3.1 教练员学历结构

学历代表教练员受教育的经历，在一定程度上反映教练员的知识结构和对于事物的认知水平。教练员的学历水平，可以从一个维度反映其总结经验、整合相关知识用于指导训练的能力，也可反映其在继续提高执教水平和科研方面的潜力。

北京市通州区腾飞排球运动发展中心共有专职教练员 6 人、外聘教练员 5 人，其中博士 1 人、硕士 3 人、本科 6 人、专科 1 人，91% 的教练员都具有本科以上学历。宁夏排球协会有专职教练员 4 人、外聘教练员 8 人，其中硕士 2 人、本科 8 人、专科 2 人，83% 的教练员具有本科以上学历，见图 4-3。数据得出，目前社会组织提供排球运动相关教学服务的教练员学历结构基本合理。仅从学历的角度看，由社会组织运行的教练员团队素质并不低于学校教师，他们具备从理论上总结、提升训练经验和继续学习提高科学训练水平的能力，也具备一定的科研能力、学习先进的培养理念和教学方法的能力，这也从一定程度上反映了教练员的可塑性。

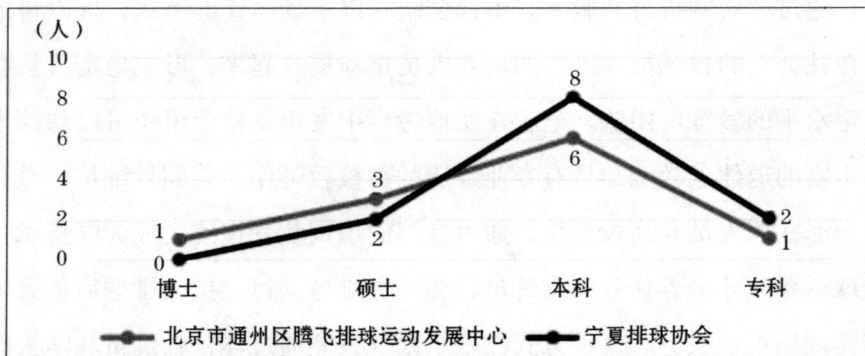

图4-3 北京市通州区腾飞排球运动发展中心、宁夏排球协会教练员学历结构

笔者通过调查得知，北京市通州区腾飞排球运动发展中心和宁夏排球协会的教练员分为专职教练员和兼职教练员，聘用专职教练员是指由社会组织聘任一些完全由社会组织管理的教练员，聘用兼职教练员是指发掘社会资源，将有能力和时间的其他单位人员作为兼职教练员聘用。两种聘用方式体现了社会组织自我发展和发掘社会潜在资源的能力，反映出政府购买公共服务带来的整合全社会排球资源参与公共服务的本质。

4.3.3.2 教练员运动等级结构

排球运动是一项技术性极强的运动，需要教练员自身对排球技术有较深刻的体会。因此，教练员是否具有专业排球运动经历，是否对项目本身有一定程度的了解，对能否胜任培养排球后备人才的工作尤为重要。具有专业运动经历的教练员，在组织教学和训练过程中可以结合自身多年对技术、战术的理解，把自身经验传授给青少年运动员。尤其是在初学阶段，后备人才对技术的规范性和战术的理解必须建立正确认识，培养可与实战结合的技战术素养。运动等级是教练员从事专业运动经历的一种体现，取得的一定等级的运动资格，可以证明其自身参加过相应级别比赛，达到了相应的运动水平，对项目本身具有较高程度的理解。

北京市通州区腾飞排球运动发展中心的教练员运动等级结构为健将2 人、一级运动员 7 人、二级运动员 2 人。72.73% 的教练员都有从事专业排球运动的经历，27.27% 的教练员具有高校排球运动经历。宁夏排球协会的教练员运动等级结构为一级运动员 8 人、二级运动员 4 人。16.67% 的教练员具有专业经历，83.33% 的教练员具有高校排球运动经历，见图 4-4、表 4-35、表 4-36。从运动经历的角度看，由社会组织运行的教练员团队在运动经历方面与体校教练员并无差异，明显优于学校教师。调查中发现，在宁夏回族自治区银川市和北京市通州区这类从零基础开始发展排球项目的地区，后备人才培养长期受教练员基本技术教授不规范的影响，后备人才成才率和未来在运动水平上的提高严重受

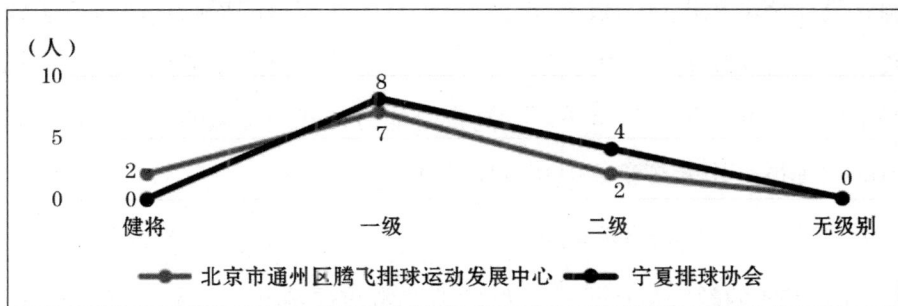

图 4-4　北京市通州区腾飞排球运动发展中心、宁夏排球协会教练员运动等级结构

阻，而由社会组织运行的教练员团队则解决了长期困扰学校的教练员技术水平低的问题。

表 4-35　北京市通州区腾飞排球运动发展中心教练员运动经历构成 （$n=11$）

	专业经历	高校专业经历
人数	8	3
百分比	72.73%	27.27%

表 4-36　宁夏排球协会教练员运动经历构成 （$n=12$）

	专业经历	高校专业经历
人数	2	10
百分比	16.67%	83.33%

单独来看学历指标和运动经历指标，由社会组织运行的教练员与原有培养模式中的教师与教练员差异不大，但结合两项指标发现，社会组织在选择教练员时，学历和运动经历会比较平衡，避免了单项指标高的情况。访谈显示，学校教师往往学历较高，但在专业技术方面有所欠缺，技术不到位会对排球初学者学习规范技术动作产生影响。而且受到体育系统和教育系统的编制限制，排球教师数量有限，加之缺乏竞争机制，难以调动积极性，很难推进排球后备人才质量的提高。政府购买公共服务正是从体制外部解决这一难题，通过购买公共服务形式引入市场竞争机制，社会组织只有不断提高自身能力，选用足额的、具有培养能力的教练员，才能在竞争中获得比较优势。

4.3.3.3　教练员培训情况

83.33%的教练员认为教练员培训非常重要或比较重要，16.67%的教练员认为没影响或不太重要，没有教练员认为培训完全不重要。对教练员是否经常参加培训的调查显示，36.11%的教练员经常参加或偶尔参加，63.89%的教练员较少参加或从不参加，见表4-37、表4-38。通过进一步访谈得知，由于银川市和通州区原本没有排球项目，因此这些地区的教师参加排球培训的机会很少。教委管理人员也认为，应增加对于体育教师的排球项目培训。

表4-37　教练员培训是否重要（n=36）

	非常重要	比较重要	没影响	不太重要	完全不重要
人数	22	8	4	2	0
百分比	61.11%	22.22%	11.11%	5.56%	0.00%

表4-38　是否经常参加排球教练员培训（n=36）

	经常参加	偶尔参加	一般	较少参加	从不参加
人数	6	7	0	12	11
百分比	16.67%	19.44%	0.00%	33.33%	30.56%

提高教练员执教水平，是提高排球后备人才培养质量的重要环节。教练员的执教水平一方面基于自身具备的技战术水平和对排球项目教学的理解，另一方面可以不断地通过各类培训更新已有知识体系和专业水平。对于原本零基础的地区，教练员的培训更加重要，这是提高排球训练水平和执教能力的重要途径。后备人才培养的每一个环节都将影响最终的培养质量，因此，社会组织在构建排球后备人才培养体系的过程中，必须重视对教练员的培训。

北京市通州区腾飞排球运动发展中心和宁夏排球协会都十分重视对所在区域教练员的培训工作，一方面提高现有教练员的执教水平，另一方面鼓励更多的学校教师和教练员参加培训，为进一步拓宽排球项目发展范围打下良好基础，见表 4-39、表 4-40。

表 4-39　通州区排球教练员培训

举办时间	参加单位	培训人员
2015 年	49	60
2016 年	21	36
合计	70	96

表 4-40　宁夏排球协会排球教练员培训

举办时间	参加单位	培训人员
2013 年	33	72
2015 年	35	68
2017 年	38	70
合计	106	210

　　通州区于 2015、2016 年共举办了两次教练员培训。2015 年参加培训的教师和教练员来自全区 49 所中、小学，共 60 人；2016 年参加培训的教师和教练员来自全区 21 所中、小学，共 36 人。两年间，全区各中、小学体育教师人均参加培训一次。通过排球培训，帮助全区中、小学体育教师了解排球项目、评价排球教学，提高了区内体育教师和教练员的执教水平，也推进了通用的技战术教学方法和竞赛规则在全区范围内的普及。北京市通州区腾飞排球运动发展中心在 2016、2017 年组织区内教练员 20 人次参加北京市教练员培训班，为教练员提高执教水平、拓展排球视野提供了平台。宁夏排球协会自 2013 年开始面向全自治区开展排球教练员培训活动，3 次培训共计 210 余人次参与，保证自治区内排球骨干教师和教练员的排球知识及时更新，促进基层排球教练员执教水平的提高。

4.3.3.4　教练员管理

教练员管理体现在对教练员最基本的训练行为和执行过程的把控，有 94.44% 的教练员能够完全服从管理或基本服从管理，5.56% 的教练员在服从管理这方面表现一般，见表 4-41。可见，社会组织选派的教练员，虽然直接隶属于社会组织，但在授课时基本能够服从校方管理。

表 4-41　教练员能否服从管理（$n=36$）

	完全能服从	基本能服从	一般	很少能服从	完全不服从
人数	18	16	2	0	0
百分比	50%	44.44%	5.56%	0.00%	0.00%

所有教练员都能够执行既定的训练计划，有效保障后备人才培养过程中的训练质量。94.44% 的教练员可以反馈在训练中出现的问题，社会组织根据教练员们反馈回来的问题，及时调整和完善下一步的训练安排，见表 4-42、表 4-43。

表 4-42　能否执行训练工作目标和内容（$n=36$）

	完全能执行	基本能执行	一般	很少执行	完全不执行
人数	32	4	0	0	0
百分比	88.89%	11.11%	0.00%	0.00%	0.00%

表 4-43　训练中问题能否反馈（$n=36$）

	完全能反馈	基本能反馈	一般	很少反馈	完全不反馈
人数	28	6	2	0	0
百分比	77.78%	16.66%	5.56%	0.00%	0.00%

在后备人才培养过程中，信息的反馈和教练员的执行度直接决定了

后备人才培养的质量。调查显示，北京市通州区腾飞排球运动发展中心和宁夏排球协会的教练员都由自身直接管理，不存在交叉管理和被其他单位人员管理的情况。由于不同单位的工作要求有所不同，培养的目标不同，教练员在训练过程中往往会出现不知执行哪一方意见的情况，既影响训练的执行度，又影响排球后备人才培养的效果。由社会组织独立对教练员实施管理，有效避免了多头管理、交叉管理所产生的矛盾。当体育局与学校之间就后备人才培养问题发生矛盾、出现分歧时，社会组织应听取多方意见，并综合考虑体育部门、学校、学生和家长的需求，制定满足各方面需求的解决方案，从而避免由于隶属关系不同造成的矛盾激化。

4.3.4 我国排球后备人才培养政府购买公共服务的竞赛情况

竞赛是体育训练成绩的检验，是后备人才培养体系中的重要组成部分①，是检验平时训练成果和提高竞技水平的重要手段。通过调查发现，通州区和宁夏排球协会所在地区由于历史原因，青少年比赛处于停滞状态，后备人才在成长过程中缺乏比赛的经历，导致竞技水平提升缓慢。可通过两种渠道提高参赛数量，一是增加本区域内的比赛数量，二是外出参加各类不同级别的比赛。

4.3.4.1 开展区域内排球比赛

94.44%的教练员认为比赛数量对于排球后备人才质量的提高非常重要或比较重要，仅有5.56%的教练员认为没有影响，没有教练员认为比赛完全不重要，见表4-44。由此可见，教练员们普遍认为多参加比赛对后备人才的质量提高非常重要，以赛代练的方法可以综合提高青少

---

① 田麦久，刘建和，延烽，等. 运动训练学［M］. 北京：人民体育出版社，2000：
  421.

年运动员的竞技水平。

表4-44 增加比赛对排球后备人才质量提高是否重要 （$n=36$）

	非常重要	比较重要	没影响	不太重要	完全不重要
人数	28	6	2	0	0
百分比	77.78%	16.66%	5.56%	0.00%	0.00%

通州区2015—2017年增加比赛5次，形成一年两赛的比赛频率，参赛人数逐年递增，总计达到1000余人次，女子参赛人数多于男子。宁夏排球协会承办自治区内各类排球锦标赛和学生排球赛，保证银川市内每年都有赛事，比赛覆盖各县市、各中学、各年龄段的青少年，参赛人数逐年递增，累计参赛人数达2000余人次，女子参赛人数多于男子。通州区和银川市比赛中都显示女子参赛人数多于男子，也说明在我国女子排球的发展明显优于男子排球，中国女排能够在世界大赛中取得优异成绩和基层后备人才储备有着密切关系，见表4-45、表4-46。

表4-45 通州区排球比赛情况一览表

比赛	学校	参赛队员（男）	参赛队员（女）	总计
2015年通州区中小学生排球赛	9	35	111	146
2016年通州区中小学生排球赛	12	84	147	231
2016年通州区中小学生排球冠军赛	11	84	106	190
2017年通州区中小学生排球赛	12	133	159	292
2017年通州区中小学生排球冠军赛	13	103	111	214
合计	57	439	634	1073

表 4-46 宁夏排球协会组织比赛情况一览表

比赛	单位	参赛队员（男）	参赛队员（女）	总计
2015 年全区中学生排球锦标赛	24	258	263	521
2015 年自治区学生运动会排球比赛	24	246	278	524
2016 年自治区全运会排球比赛青少年组	17	226	238	464
2017 年自治区青少年排球锦标赛	17	221	341	562
2017 年全区学生沙滩排球锦标赛	26	106	122	228
合计	108	1057	1242	2299

受原有体育部门人员数量和专业能力限制，通州区和银川市一直以来没有排球比赛，严重影响后备人才比赛经验的积累和竞赛水平的提高。当地体育主管部门利用社会组织在排球项目上的专业优势，通过购买服务，将办赛主体由政府转为社会组织，快速增加了本区域内的排球比赛数量，在短时间内为后备人才提供了大量的参赛机会，有效增加了比赛经验，促进训练水平的提高。此外，通过组织排球赛事促使更多的青少年参加比赛，带动了本区域内排球的发展，进而提高后备人才的数量和质量。社会组织在承办一系列比赛的过程中，提升了社会群众对排球的关注度，增加了社会群众对排球项目的了解，为排球后备人才培养营造了良好的社会氛围。

4.3.4.2 组织参加各类排球比赛

北京市通州区腾飞排球运动发展中心带领通州区排球队参加北京市及全国的各类排球比赛（既包括教育系统的中学生比赛，也包括体育系统的锦标赛和市运会）。宁夏排球协会代表宁夏回族自治区参加了全国 U 系列比赛和各级学生比赛，以及全运会的室内和沙滩排球比赛，所涉及的比赛和项目更加丰富，见表4-47。政府通过部分权利的下放，有效地提高了社会组织的自我执行能力和积极性。不仅增加了本区域内的排球比赛次数，还积极推动区域内的排球运动队参加各类高级别比赛，大量的比赛安排能够满足排球后备人才成长过程中的比赛需要，既提高了区域内排球运动成绩，又促进了后备人才的培养，取得一举两得的效果。

表 4-47　北京市通州区腾飞排球运动发展中心、宁夏排球协会组织参加各类比赛一览表

北京市通州区腾飞排球运动发展中心	宁夏排球协会
北京市传统项目学校比赛	全国青少年 U20 女排锦标赛
北京市排球冠军赛	第一届全国青年运动会女子排球预赛
北京市排球锦标赛	全国青少年 U18 女排锦标赛
北京市市运会	全国大学生沙滩排球大奖赛
全国中学生排球锦标赛	第十三届全运会排球项目女子 21 岁以下组预赛
京津冀排球比赛	第一届全国青年运动会沙滩排球比赛
	第十三届全国运动会沙滩排球决赛

4.3.5　我国排球后备人才培养政府购买公共服务的教育与训练

排球后备人才的培养是以青少年为培养对象的活动，因此应该尊重青少年生长发育的客观规律和学习文化知识的相关需求。将青少年培养成排球后备人才，一方面要通过常年的系统训练，另一方面要满足青少年阶段对于文化学习的需求。多年来两种现象长期困扰后备人才培养工作，一种是常年从事专业训练忽视了文化知识的学习，面对竞技体育的残酷性，高昂的淘汰代价衍生出社会保障的问题，使未能成为优秀运动员的后备人才成为受歧视和被救济的对象。即便成为"有成绩的运动员"，同样面临退役后难以适应社会生活，不具备基础工作能力的问题。

另一种是在校学习却未能接受系统训练，在青少年时期没能建立规范技术模式和战术理念，最终未能成为排球后备人才继续从事排球运动。

4.3.5.1 学习与训练情况

政府购买公共服务培养的后备人才主要接受教育的地点在学校的占94.44%，在体校的仅占5.56%。有83.33%的后备人才每天学习时间为5~7小时，11.11%的后备人才每天学习时间为3~5小时，仅有5.56%的后备人才每天学习时间为1~3小时，见表4-48、表4-49。

表4-48　政府购买公共服务培养排球后备人才培养地点（$n=36$）

	体校	学校	社会场所	其他
学习地点	2	34	0	0
百分比	5.56%	94.44%	0.00%	0.00%

表4-49　政府购买公共服务培养排球后备人才每天学习时间（$n=36$）

	1~3小时	3~5小时	5~7小时	7~9小时
学习时间	2	4	30	0
百分比	5.56%	11.11%	83.33%	0.00%

学训矛盾一直以来是困扰排球后备人才培养工作的主要矛盾。原有培养模式侧重点不同，导致三级训练培养模式对青少年阶段的文化学习重视不够，政府购买公共服务培养方式利用社会组织教练员的灵活性，将培养排球后备人才的主要地点放在学校，利用学校原有的优质教育资源，同时保证后备人才在青少年阶段每天有充足的时间用来学习。在实地考察过程中仅有银川市少数后备人才由于代表宁夏回族自治区参加全国比赛，每天学习时间较少，其余都能够保证有足够的学习时间。北京市通州区腾飞排球运动发展中心更注重学习的重要性，人大附中中考成

绩排名第一的正是本校女排队员，全通州区排名第一的是潞河中学男排队员。实践证明，政府购买公共服务培养过程中排球后备人才的学习成绩不但没受到影响，反而得以提高。"授之以鱼，不如授之以渔"，提高后备人才自身的文化水平是解决后续保障问题的重要途径。

政府购买公共服务培养方式能够保证 75% 的后备人才每天有 2~3 小时的训练时间，11.11% 的有 3~4 小时，8.33% 的有 4~5 小时，5.56% 的有 1~2 小时。后备人才训练的时间是提高技战术的保障，后备人才每周训练次数多为 5~6 次，占比达到 88.88%。如按照每年训练 200 天以上计算，一年的训练时间为 600 小时以上，根据后备人才青少年训练的要求，年训练时间不少于 500 小时[①]，目前政府购买公共服务培养的训练时间已经能够达到排球后备人才培养的要求，见表 4-50、表 4-51。此外，利用学生的寒暑假开展外出集训，在集训过程中以"三集中"的方式提高训练质量，可以增加后备人才的训练时间，进一步提高后备人才的训练水平。体育与教育的脱节和运动员出路狭小是长期困扰我国竞技体育后备人才培养的主要矛盾[②]。经过多年训练最终成为专业运动员的后备人才毕竟是整个参与群体中的少数，而更多的人要通过教育体系完成成长的过程。

表 4-50　政府购买公共服务培养排球后备人才每天训练时间（$n=36$）

	1~2 小时	2~3 小时	3~4 小时	4~5 小时
训练时间	2	27	4	3
百分比	5.56%	75%	11.11%	8.33%

---

① 国家体育总局青少年体育司. 中国青少年排球训练大纲 [M]. 北京：北京体育大学出版社，2012.

② 徐伟宏，柯茜. 构建新型"小学—中学—大学"一条龙竞技体育后备人才培养模式 [J]. 武汉体育学院学报，2012，46（11）：78-81.

表 4-51   政府购买公共服务培养排球后备人才每周训练次数（n=36）

	3 次以下	4 次	5 次	6 次	7 次
训练次数	0	2	16	16	2
百分比	0.00%	5.56%	44.44%	44.44%	5.56%

4.3.5.2   输送情况

有 91.67% 的教练员认为，社会组织设计建立的排球后备人才培养体系非常系统和比较系统，仅有 8.33% 的教练员认为一般和不系统，见表 4-52。

表 4-52   社会组织建立的后备人才培养体系是否系统（n=36）

	非常系统	比较系统	一般	不太系统	很不系统
人数	10	23	2	1	0
百分比	27.78%	63.89%	5.56%	2.77%	0.00%

排球后备人才培养是一个系统工程，一方面，青少年排球运动员的成长需要从小学到高中的系统训练；另一方面，为培养全面发展的排球后备人才，文化学习也需要系统保障。因此，社会组织依靠原有的教育系统建立贯通式后备人才培养系统，将各层级学校和不同年龄后备人才联系起来。政府购买公共服务培养排球后备人才建立在学校教育的基础之上，同时关注文化教育和运动技能，对后备人才进行综合培养。

北京市通州区和宁夏回族自治区均着重建设区内排球项目传统学校和排球基地学校。北京市通州区建成市级传统校 2 所、区级传统校 4 所和重点校 2 所。宁夏回族自治区建成训练基地校 3 所，见表 4-53、表 4-54。传统校和基地校的建立，保证了排球后备人才在享有优质教育资源的同时解决了升学问题，消除后备人才本身和家长的后顾之忧。政府购买公共服务培养十分重视后备人才的全面发展和健全人格的培养，利用原有政策为后备人才建立升学通道。传统项目学校是为了竞技体育后备人才培养和体育项目开展而产生的一种"体教结合"模式，传统项目学校可以定义为在开展学生体育活动方面有显著的成绩，并且至少在一个体育运动项目上形成传统和特色的、经命名的中小学校。《北京市体育传统项目学校管理办法（修订）》中提道，体育传统项目学校应该从实际出发，面向全体学生，因地制宜地开展形式多样的体育活动，有计划地将特色体育项目活动纳入体育教学和课外体育活动中，全面增强学生体质，提高健康水平，并积极推动学校体育场馆向公众开放工作[①]。政府通过购买公共服务培养方式在区域内快速建设排球传统项目学校以及排球训练基地，得到政府的资金和政策支持，可以使开展排球项目的中小学校真正向后备人才培养方向推进，为进一步完善排球后备人才升学途径打下坚实基础，也将原有零散的培养单位通过社会组织提供公共服务的形式重新整合起来，达到资源合理配置、优秀人才逐步集中的目的。

表 4-53 北京市通州区排球项目传统学校

年份	北京市排球项目传统学校	通州区排球项目传统学校	通州区排球项目重点学校
2014 年	人大附中通州校区（通州三中）	—	—

---

① 李玉婕 . 北京市西城区小学课余排球训练开展现状的研究 ［D］. 北京：首都体育学院，2013.

年份	北京市排球项目传统学校	通州区排球项目传统学校	通州区排球项目重点学校
2015 年	—	宋庄镇中心小学、永顺镇龙旺庄小学、官园小学、潞河中学附属学校	梨园学校、潞河中学
2016 年	首师大附中通州校区	—	

表 4-54　宁夏回族自治区青少年排球训练基地

年份	学校
2012 年	石嘴山恒宾职业学校
	银川市第六中学
	银川实验中学

　　输送是衔接不同层级后备人才培养的纽带，经过 4 年的发展，北京市通州区腾飞排球运动发展中心已经为人大附中通州校区、首师大附中通州校区、潞河中学等排球传统项目学校提供了排球后备人才 82 人，其中初中 45 人，高中 29 人，升入大学 6 人，推荐两名有天赋的后备人才到北京队二级班、青年队试训。宁夏排球协会在自治区内排球基地校逐层选拔，为排球基地校和宁夏回族自治区排球队提供后备人才 128人，其中初中 65 人，高中 30 人，升入大学 20 人，宁夏回族自治区女排 13 人。小学升初中阶段的占总人数的 52.38%，初中升高中阶段的占28.10%，高中升大学阶段的占 12.38%，不同阶段进入专业队的占7.14%，见表 4-55。社会组织利用自身覆盖面广的优势，不断增加基层后备人才数量，逐级择优建立输送梯队。在兼顾训练的同时向上级单位推荐优秀的后备人才，打破排球后备人才上升壁垒，建立了多元化的

输送渠道。

表 4-55　政府购买公共服务培养排球后备人才输送（$n=210$）

	初中	高中	高校	专业队	总数
人数	110	59	26	15	210
百分比	52.38%	28.10%	12.38%	7.14%	100%

　　运动员的输送是对后备人才培养成果的检验，是运动员培养全流程的最后和最重要的环节。只有较好地解决了运动员的出路问题，家长和社会才会更愿意把孩子送去参加排球运动训练，运动员参训的积极性和主动性才会被充分调动起来①。在访谈中，教练员们普遍反映，在后备人才培养过程中，学生家长越来越重视教育，希望能够获取升学的途径和最终升入高校的结果。因此，排球后备人才的输送渠道一定是向着专业队和高校两个方向发展。由社会组织完成的后备人才培养，其输送途径是多元的。根据后备人才的特点对其发展方向进行推荐，这种推荐不掺杂其他因素，打破了以往培养模式输送渠道的局限性，既能够在教育系统内使得后备人才完成升学，也能够将具有天赋的后备人才向职业球队输送，使其成为政府购买公共服务形式培养出来的竞技排球后备人才。可以宏观统筹优秀后备人才培养规模，打破各学校间信息壁垒，使更多的优秀排球后备人才能够被上一级学校发现，又能够按照上一级单位的需求，对基层排球后备人才加以培养。最终，在排球后备人才培养和输送上形成普及兼顾提高、以训促学、双向输送的实质贯通培养体系。

---

　　①　吴尽. 中国男子竞技排球后备人才培养模式研究——以上海市北中学为例［D］. 北京：北京体育大学，2015.

4.3.6 我国排球后备人才培养政府购买公共服务的资金情况

资金是保证排球后备人才培养工作顺利进行的物质基础，包括教练员的训练费、设备器材费用、比赛服装费、餐费和营养补贴等，对排球后备人才培养的质量和相关保障具有直接影响①。资金来源是长期困扰排球后备人才培养的症结所在。原因在于，教委拨付的行政经费中并没有运动队建设这项经费，而体育局的经费进入学校后又存在着分配问题，受到各方面的挤压，最终不能全部用在项目发展上。单纯依靠体育局或者教委一方的资金不能够保障学校运动队的日常使用。北京 101 中学通过俱乐部对参训队员收取训练费②；北医附小课余排球训练工作的经费几乎都来自学校拨款，每学期学校还会收取一定的训练费，以此来保障排球队训练工作的正常开展③。而根据目前教委制定的相关规定，学校不能以任何名义向在校学生收取任何费用。因此，上述地区向在训学生收取相应训练费的办法缺少借鉴意义。

4.3.6.1 资金来源

在访谈过程中得知，2017 年度北京市通州区腾飞排球运动发展中心的资金主要来自政府购买和学校课外活动，分别占 61.64% 和 27.40%，而自主经营所获的资金仅占 10.96%，没有社会赞助的资金；宁夏排球协会在自主经营和社会赞助方面发展得更好，来自这两方面的资金共占 33.34%，减少了对政府购买资金的依赖性，提高了自主经营能力，增加了排球后备人才培养的资金总量，见表 4-56。

---

① 黄汉生．球类运动——排球（第 2 版）［M］．北京：高等教育出版社，2009.
② 白净．多元主体视域下我国竞技排球运动后备人才培养研究［D］．北京：北京体育大学，2017.
③ 苏艳景．北京医科大学附属小学排球传统项目开展情况的研究［D］．北京：首都体育学院，2016.

表 4-56 政府购买公共服务培养资金来源统计表（单位:万元）

	政府购买资金	社会赞助资金	学校课外活动资金	自主经营资金	总金额
通州	45	0	20	8	73
百分比	61.64%	0%	27.40%	10.96%	100%
宁夏	100	30	20	30	180
百分比	55.55%	16.67%	11.11%	16.67%	100%

政府与社会组织建立伙伴关系，共同开展排球后备人才培养活动，从根本上解决了后备人才培养过程中资金不足的问题，且又不是完全由行政拨款来解决。政府购买的本质就是鼓励社会组织自主经营，加大服务的深度和广度，从而完成资源的再分配过程。社会组织用于培养排球后备人才的资金主要由四个方面来提供：一是体育局直接用于购买排球服务的"三大球"经费。这笔经费直接拨付给社会组织，用于排球项目发展和各年龄阶段的运动队建设，支持排球项目发展和建设。二是教委拨付的学生课外活动经费和体育局的传统校经费。这笔经费拨付至开展排球项目的学校，供学校用于发展排球项目。学校可将其支付给直接参与校园排球项目发展的社会组织和教师，也可作为学校体育经费的补充。三是社会组织面向全社会提供排球项目相关服务，承接政府部门关于排球的相关活动。自主经营筹集的资金和开展营业性收费筹集的资金可用于社会组织自身发展，提高业务水平。四是作为社会组织可募集社会赞助，吸纳社会捐助，利用社会对排球项目的支持，开展排球后备人才培养等相关活动。

4.3.6.2 资金配置

2017 年度北京市通州区腾飞排球运动发展中心的经费，68.49%用于发放教练员薪酬，10.96%用于支付参加比赛过程中的餐饮费和交通费，12.33%用于购买服装器材，8.22%用于自身运营。宁夏排球协会则将27.78%用于自身运营，22.22%用于发放教练员薪酬，22.22%用于支付参加比赛过程中的餐饮费和交通费，19.44%用于购买服装器材，8.34%用于组织各种关于排球的活动，见表4-57。在调查中，两处负责人均表示，目前的资金足以支撑社会组织自身发展和运营，也能够满足培养后备人才的需要。

表4-57　政府购买公共服务培养资金使用统计表（单位：万元）

	教练员薪酬	比赛经费	服装器材	运营经费	活动经费	总金额
北京市通州区腾飞排球运动发展中心	50	8	9	6	0	73
百分比	68.49%	10.96%	12.33%	8.22%	0.00%	100%
宁夏排球协会	40	40	35	50	15	180
百分比	22.22%	22.22%	19.44%	27.78%	8.34%	100%

可见社会组织通过多种渠道筹集来的资金基本都用于排球项目的发展，再次说明政府购买公共服务的过程就是资源再分配的过程。社会组织将不同渠道筹集来的资金，以不同形式投入排球后备人才培养中。"举国体制"的特点之一就是将全社会的资源集中用于体育事业发展，通过社会组织面向全社会自主经营、筹集资金，全部应用于排球后备人才培养活动，政府失灵理论应用于政府购买公共服务培养排球后备人才的过程实现了这一目标。

4.3.7　我国排球后备人才培养政府购买公共服务的管理体制

政府将培养排球后备人才的职能转移给社会组织，并允许其通过自主经营的方式面向社会筹集资金，独立策划如何发展排球项目，培养排球后备人才。但是，这并不代表政府完全放手给市场，完全由市场和社会组织决定资金的使用和培养的方式。新公共管理理论告诉我们，政府的职能转移是指成为"舵手"，而将"划桨"的职能转移出去，政府依然主导着整个排球后备人才培养的方向和目标。虽然政府与社会组织建立伙伴关系，但也要体现政府对公共服务承接方的有效管理，委托代理理论为这种关系提供了很好的管理方式，双方建立合同契约，明确各自的权责，以经济为杠杆，实现政府对整个培养排球后备人才这项公共服务的有效管理。

4.3.7.1 建立购买关系

根据国务院颁发的《关于政府向社会力量购买服务的意见》，通州区体育局和宁夏回族自治区体育局作为政府机关，成为购买公共服务的主体，也是最终责任人，同时负有监管的责任。新公共管理理论提出的服务主体多元化，支撑社会组织大量参与原本由政府提供的公共服务，使排球后备人才培养主体从原有的学校、体校扩展至社会组织，见表4-58。

表4-58　政府购买公共服务培养职能统计表

购买主体	承接主体	购买内容	购买方式	购买时间
通州区体育局	北京市通州区腾飞排球运动发展中心	组建通州区青少年男、女排球队，发展通州区排球项目	委托合同	2014年
宁夏回族自治区体育局	宁夏排球协会	组建宁夏回族自治区女排，发展宁夏回族自治区排球项目	委托合同	2014年

政府作为购买主体，将提供所需资金、政策及相关培养排球后备人

才所需的条件，后备人才培养的工作由社会组织外包。北京市通州区腾飞排球运动发展中心和宁夏排球协会作为在民政局注册的非营利性社会组织，成为培养排球后备人才服务的承接方，具体落实合同内容。双方建立委托合同形式的契约关系，在各自区域完成青少年排球队组建任务，发展该地区的排球项目。

4.3.7.2　明确监管范围

政府作为购买主体，对整个排球后备人才培养活动起着主导作用，这个主导作用体现为对培养后备人才全过程的监管和对最终绩效的评价。建立一套切实可行的监管制度和评价办法对提升社会组织提供的培养排球后备人才服务的质量具有重要作用。

作为监管主体，通州区体育局和宁夏回族自治区体育局从教练员数量、教练员资质、参赛队伍数量、竞赛成绩、发展规模、经费审计、付费标准制定、承接方资质、过程监督、质量监督、效果评价等方面对社会组织提供的服务进行监管和评价，最终以发展规模、参赛队伍数量、定期经费审计、定期审查过程资料、服务实施过程、服务实施人员和能否取得成绩作为评价的指标，见表4-59。以上内容涵盖了排球后备人才培养过程的各个方面，能够体现政府在这一项目中的管理作用。政府通过以上指标对社会组织进行监管，从繁复的具体工作当中抽身出来，更好地以"掌舵人"的身份为广大群众提供优质的公共服务。

表4-59　政府购买公共服务培养监管内容统计表

监管主体	监管维度	评价办法
通州区体育局 宁夏回族自治区 体育局	教练员数量、教练员资质、参赛队伍数量、竞赛成绩、发展规模、经费审计、付费标准制定、承接方资质、过程监督、质量监督、效果评价等	发展规模、参赛队伍数量、定期经费审计、定期审查过程资料、服务实施过程、服务实施人员、能否取得成绩

4.3.7.3　考核支付费用

新公共管理理论指出，社会力量的参与是为了提升公共服务质量，努力做到让群众满意，监管和评价是政府在这一购买过程中所必须完成的工作。政府向社会力量购买服务并不意味着政府责任的过渡和转移。相反，政府在购买服务的过程中充当着资金提供者和监管者的角色，监督管理是政府购买服务的制度性保障，在很大程度上关系到政府购买服务的成效①。

政府主管部门在合同限期结束后，通过上述指标对社会组织所提供的服务进行评价，参与评价的不只是购买主体，还可以包括具体实施时所在单位或聘请的第三方。由于培养排球后备人才和发展排球项目过程的特殊性和不确定性，评价主要建立在契约关系构架下。在各方履行完各自职责后，根据合同规定向指定账户支付相关费用。至此，完成政府购买公共服务培养排球后备人才的整个过程。

4.3.8　小结

研究表明，政府购买公共服务的实施为排球后备人才培养创新提供了可行的道路。新公共管理理论指引政府将原有的职能转移给社会组织，使其成为排球后备人才培养的主体。政府通过购买公共服务的形式，扩大排球后备人才规模，拓展后备人才输送渠道，完善后备人才学训体制，拓宽资金渠道，积极参赛、办赛，增加后备人才比赛机会，发掘教练员资源，培训教练员队伍，既发展了排球项目，促进了排球后备人才的培养，又调动了社会组织参与排球后备人才培养的积极性，进而解决资金短缺、教练员资源不足以及训教分离导致的后备人才培养规模

---

① 夏贵霞，马蕊，王华倬. 政府购买青少年课外体育服务的地方实践与制度创新 [J]. 北京体育大学学报，2016，39（2）：84-91.

萎缩、训练质量下降和培养过程长期不稳定的现实问题。政府购买公共服务培养后备人才的过程满足了国家统筹培养资源的需求，实践了政府主导、社会参与的方针，开创了培养形式和培养主体的多元性，并在新公共管理理论的指导下对后备人才培养的过程和结果进行监管和绩效评价，是"举国体制"在新时代的具体表现，为竞技体育后备人才培养研究拓展了新领域。

4.4　我国排球后备人才培养政府购买公共服务的机制构建

4.4.1　我国排球后备人才培养政府购买公共服务的构建依据

4.4.1.1　新时代我国社会发展的趋势

体育项目的发展置于社会整体发展的构架之下，与社会发展息息相关，也为社会整体发展提供支持。社会政治、经济和文化等方面的发展是体育项目发展的基础和导向，对体育项目发展提出要求并为其提供物质保障。社会政治、经济和文化体制决定着体育项目发展的模式，在不同的发展阶段，体育项目均产生了新的发展模式以及后备人才培养模式。而每一种新模式都必须适应社会发展的大环境，满足广大人民群众对体育文化和后备人才培养的需求。因此，正确理解国家的各项改革政策，清楚认知未来我国经济和社会发展趋势，对排球后备人才培养模式适合社会整体发展，满足广大人民群众需求具有重要意义。

党的十八大提出：在新的历史条件下全面建成小康社会，加快推进社会主义现代化、夺取中国特色社会主义胜利的目标。《中共中央关于全面深化改革若干重大问题的决定》和《国务院办公厅关于政府向社会力量购买服务的指导意见》提出若干影响未来社会发展方向的重要内容。党的十九大报告坚持深化行政体制改革的目标，推进党政机构改革，建设人民满意的服务型政府。据此分析，未来相当长的一段时期内，我国政治、经济乃至整个社会的发展将呈现以下趋势：

（1）继续推进全面深化行攻体制改革，加快政府职能转变。科学的宏观调控，有效的政府治理，是发挥社会主义市场经济体制优势的内在要求。加强并优化公共服务，加强市场监管，维护市场秩序，保证公平竞争，弥补政府失灵，推动可持续发展。通过转变政府职能，使政府从管理型向服务型转变，将一部分权利和职能转移给社会和市场，全面深化改革的核心问题是处理好政府和市场之间的关系①，使市场在资源配置中起决定性作用和更好发挥政府作用。

（2）国家决定加强和创新社会管理，改进政府提供公共服务的方式。应进一步降低社会化参与的准入门槛，以市场化的运行机制保障公共服务项目的顺利推进。政府单方面提供的公共服务无论是数量、质量，还是品类都无法满足人民群众日益增长的公共服务需求和对美好生活的向往。规模不足、发展不平衡和质量、效率不高是公共服务存在的突出问题。创新公共服务方式，引导有效需求，拓宽服务发展是实施政府购买社会力量服务的重要途径。对于深化社会领域改革和促使政府职能转变，激发社会经济活力，提高公共服务水平，整合社会资源，增强公众参与意识，提高公共服务效率具有重大作用②。而这种转变需要社会组织的参与，将政府购买服务的提供主体转移给社会组织；要赋予社会组织承接公共服务的权利；要建立约束机制，倒逼政府购买公共服务力度与效度的提高。

---

① 中共中央关于全面深化改革若干重大问题的决定［J］. 学理论，2014（1）：1-10.
② 国务院办公厅关于政府向社会力量购买服务的指导意见［J］. 大社会，2019（2）：30-31.

4.4.1.2 新时代我国体育发展的趋势

排球后备人才培养是促进排球项目发展的重要基石，也是推进体育项目整体发展的重要一环。体育的发展直接对排球后备人才培养产生影响，为其提供政策指导和创新动力。不同历史发展阶段，体育被赋予的职能和要求不尽相同，排球后备人才培养必须与所处历史阶段和体育发展程度相契合。因此，准确把握我国体育发展方向，明确体育发展的要求和趋势，对合理创新排球后备人才培养方式具有十分重要的意义。

根据国家提出的完善社会主义市场经济、全面深化改革的相关要求，以及国家体育总局在《体育发展"十三五"规划》《青少年体育"十三五"规划》中提出的发展目标，可以解读出未来我国体育发展所呈现的态势：

（1）体育领域的改革和创新仍不能适应体育强国建设的目标，需要进一步建立健全与社会经济发展相协调的体育发展机制。体育服务有效供给不足与人民群众日益增长的多层次、多元化的需求之间依然存在突出矛盾，人民对于美好生活的需要更多地反映在制度层面与体育层面的紧迫性需求。长期制约体育事业发展的体制机制问题依然严峻，短板问题在薄弱环节上直接凸显出来。体育发展方式需要转型，需要不断深化体制改革。利用政策措施加速推动社会力量参与体育公共服务的体系建设仍需完善，解决好管办不分、政社不分造成的体育发展活力下降的问题。需要充分发挥竞技体育"举国体制"优势，积极调动社会各界力量，拓宽后备人才培养渠道，构建有效的后备人才培养体系①。

（2）需要加强后备人才培养，积极培育青少年体育社会组织，研究制定相关优惠政策，发展基层青少年体育训练组织。鼓励通过委托授

---

① 体育发展"十三五"规划［N］. 中国体育报，2016-05-06（002）.

权、购买服务等方式,将适合由社会组织提供的公共服务项目交由社会力量承担。推动体育项目和赛事的社会化、市场化,鼓励商业企业参与青少年赛事和运动队运营。坚持政府主导、多方参与,加快制定、实施促进竞技体育后备人才培养工作的指导意见,积极发动社会力量,拓宽竞技体育后备人才培养渠道,完善青少年训练体系,鼓励支持社会力量参与青少年训练,拓宽人才培养和选拔平台①。

体育作为社会发展的组成部分,必须同发展大局同向而行。我国排球后备人才的培养方式、组织管理必将与体育部门职能转变相适应,成为体育部门适应市场经济发展、加强宏观调控,向服务型政府转型的基础。因此,需要充分鼓励和推进政府购买公共服务,广泛吸引社会力量参与后备人才培养体系的构建。按照以上要求,排球后备人才培养必将向着"政府主导、多方参与"的政府购买公共服务方向发展。

4.4.2 我国排球后备人才培养政府购买公共服务的理念

深入贯彻落实行政管理体制改革要求,加速"服务型"政府建设,促进体育行政部门职能转变,适应社会主义市场经济发展。以政府购买公共服务的方式引入社会力量,完成培养后备人才服务多元供给。为完善和发展"举国体制",创新排球后备人才培养方式提供指导方向。解决原有后备人才培养弊病,以扩大排球后备人才规模和提高排球后备人才培养水平为任务。精简机构、节约资源,提高后备人才培养效率,满足国家、人民对于体育发展和后备人才培养的需求。充分发挥社会组织整合社会资源的优势,满足后备人才培养需求,加强监管和评价机制,形成政府主导、部门负责、社会参与、共同监管的政府购买公共服务政策下的排球后备人才培养方式。

---

① 青少年体育"十三五"规划 [N]. 中国体育报,2016-09-20 (007).

4.4.3　我国排球后备人才培养政府购买公共服务的目标

管理学大师斯蒂芬·P·罗宾斯对"目标"这样定义：目标是个人、部门或整个组织所期望的成果，目标决定事务的发展方向。政府购买公共服务培养排球后备人才的目标决定了该形式的发展方向。根据影响排球后备人才培养过程的因素，排球后备人才培养政府购买公共服务的目标为：推动体育行政部门加速转变职能，调动社会力量参与排球后备人才培养，丰富排球后备人才培养主体的多元供给，创新排球后备人才培养方式；扩大排球后备人才规模，快速提高排球后备人才的数量和质量；满足排球后备人才在青少年阶段文化知识、思维模式、世界观、竞技能力等方面的培养需求；健全人格、全面发展；借助市场机制，拓宽排球后备人才培养资金渠道，吸收社会资源，满足排球后备人才培养需求；建立高校、专业队等多元发展通道，保障排球后备人才具有良好的发展空间；通过社会组织多种经营活动，扩大排球项目影响力，营造有利于排球后备人才培养的良好社会氛围。

4.4.4　我国排球后备人才培养政府购买公共服务的基本原则

4.4.4.1　政府主导社会服务原则

在政府购买公共服务培养排球后备人才的原则中，政府主导社会服务是基础原则。政府失灵理论指出，政府调控可以有效解决自由市场带来的公共服务缺失、信息不对称和垄断经营等问题。而完全由政府完成公共服务时，由于其自身掌握大量资源，又缺乏相应监管，容易形成垄断，造成机构臃肿，增加成本。我国体育后备人才培养模式长期沿用计划经济下的垂直管理系统，在体育部门建立的"一条龙、一盘棋"的"举国体制"指导思想下，三级训练培养模式长期主导排球后备人才培养领域。体育行政部门垄断着绝大部分资源，形成相对独立的小系统，既是管理方，又是需求方，还是生产方。在这样"大而全"的体系中，培养机构庞大、培养效率低下，各部门间相互推诿、缺乏监管，造成我国排球后备人才匮乏，排球市场萎缩的尴尬局面。

通过访谈和实地调查发现，许多地区排球发展状况不佳，并不是因为缺乏教练员或者排球教师，更多的问题存在于体育主管部门受制于现行体制，缺乏竞争机制，机构臃肿，效率低下。而学校教师的主要工作是体育教学，培养排球后备人才并非其主要工作，学校也不会对其进行硬性要求。长期管理失位是排球项目基层发展受限的主要原因之一。无论是体育行政部门主管的三级训练培养模式还是"体教结合"模式，受到行政编制限制和服务对象的局限，所能提供的关于排球项目的公共服务非常有限，不能满足现阶段社会日益增长的对于此类公共服务的需求。

政府需要转变职能，不等于政府放手不管，必须坚持政府是第一责任人，"掌舵"整个排球后备人才培养的方向。通过与社会组织建立伙伴关系，将原有政府部门负责排球后备人才培养和排球项目发展的职能转移给社会组织，引入竞争机制，丰富培养主体，提高服务质量，节约政府培养排球后备人才的成本，使政府主管部门既行使对于市场调控和监管的权力，也弥补自由市场自身调控的缺陷。充分发挥社会主义市场经济优势，培育和调动社会组织参与后备人才培养的积极性。政府主导排球后备人才培养，也体现了"举国体制"对排球后备人才培养的主导性、持续性。

4.4.4.2 全面普及逐级择优原则

无论是竞技体育的发展还是群众体育的发展，人才是最关键的资源。人口基数增加，对于排球整体运动水平的提高起着决定性作用。参与排球运动的人口增加，不但能够营造排球运动良好的文化氛围、市场氛围，更能够为竞技排球发展夯实后备人才基础，提高后备人才的质量。竞技排球离开群众普及就是无源之水、无根之木；群众排球离开竞技排球就是无头之鸟、无果之花。为了增加优质排球后备人才储备，需要层层选拔，使有天赋、有潜力、有技术的后备人才从广大青少年中脱颖而出。鉴于此，政府购买公共服务培养排球后备人才必须坚持全面普及逐级择优的原则，通过家庭、学校、社会等主体共同运作开展排球运动，使更多的青少年参与排球运动，从小培养对排球运动的兴趣，养成终身体育的习惯。此外，还需建立多元上升通道，逐级逐层选拔具有排球运动天赋的青少年，使其成为高质量排球后备人才。

4.4.4.3 体教并行多元上升原则

德智体美劳全面发展，培养社会主义接班人，是我国教育的总目标。体育与智育同为"以人为本"的素质教育的重要组成部分。体育是培养体育锻炼基本技能和健全人格的重要途径和手段，单一的体育或者智育都不能培养出具有健全人格的"人"。原有模式中，三级训练培养模式偏重两个方向，即体育技能培养和向上一级输送人员，忽视文化教育。不但忽视了青少年受教育的权利，更在青少年今后的发展、择业、保障等方面埋下了问题的伏笔。而教育体系偏重于文化教育，忽视了人体发育的生理规律和健康需求，导致人口素质整体下降。体育与教育的分离从根本上忽视了"人"的成长需要，造成了人才资源浪费和上升渠道单一。因此，政府购买公共服务培养排球后备人才必须坚持体教并行多元上升的原则，通过教育部门固化住优质教育资源，保持住学生数量优势，从专业的运动角度调整技能培养的时间和地点，既提高排球后备人才文化水平，又提高其专业技能；既能发现优秀排球后备人才，又能够保障其受教育的权利，形成培养具有健康体魄、健全人格且全面发展的排球后备人才的体教并行多元上升培养机制。

4.4.4.4 契约约束市场竞争原则

《北京市人民政府办公厅关于政府向社会力量购买服务的实施意见》中指出：按照竞争择优原则选择承接政府购买服务的社会力量，研究制定有利于承接主体多元化的政府购买服务政策，并建立优胜劣汰的奖惩机制。在政府购买公共服务的过程中，双方的信任不足是制约双方合作的重要问题。比如，合作过程中社会组织依照行业规律办事，可能会被一些政府的官僚主义和外行要求束缚手脚，导致政府购买公共服务过程无法推进或推进缓慢。而这种情况往往会被政府部门认为是能力不足和敬业精神不足，造成互不信任。所以，政府部门更愿意选择一些听话的、熟悉的、有一定人际关系的社会组织来承接任务。政府部门的主观意愿制约了政府购买在合作伙伴上的选择，违背了市场竞争的原则，不利于社会机构通过市场因素良性调整①。因此，政府购买公共服务培养排球后备人才必须坚持契约约束市场竞争原则。政府与社会组织之间建立公平的契约关系，明确双方的关系和职责，减少购买过程中的摩擦，政府最终通过评价结果是否按照契约执行来支付相关费用。双方形成管理和制约，并通过前期建立的契约把握服务的发展方向，从而使政府的主导作用得以显现。社会组织在竞争过程中提高服务水平，为排球后备人才培养提供更好的服务。

4.4.4.5 结果导向绩效管理原则

新公共管理理论认为，公共部门的管理要积极引入企业管理的技术与方法，提高管理与服务水平。这种以结果为导向的绩效管理，而不是以过程控制为导向的过程管理，作为新公共管理的重要理念和成果，正

---

① 苗红培. 政府向社会组织购买公共服务的公共性保障研究 [D]. 济南：山东大学，2016.

逐步被引入公共部门管理之中，并发挥出显著的管理效果。2017年，党的十九大报告明确提出，全面实施绩效管理，把绩效管理提升到一个前所未有的高度。2018年9月1日，《中共中央 国务院关于全面实施预算绩效管理的意见》指出，更加注重结果导向、强调成本效益、硬化责任约束，力争用3—5年时间基本建成全方位、全过程、全覆盖的预算绩效管理体系，实现预算和绩效管理一体化。无论是从理论还是从实践上看，绩效管理都是政府进行公共服务改革创新的重要原则。

在政府购买公共服务培养排球后备人才的过程中，要重视结果导向，强化绩效评估，建立以结果为导向的绩效管理机制。首先，在评价主体上，要引入第三方机构进行专业性的绩效评估，提高购买公共服务效果评估的客观性。政府向社会组织购买公共服务的效果评估，不同于政府购买公共服务的一般性评估，具有很强的专业性和社会性，在评估上需要更高的科学性和客观性。由此可见，第三方评估的引入是十分必要的。其次，在评价方法上，要建立科学的排球后备人才政府购买公共服务绩效评估指标体系，实现定性评估与定量评估相结合、经济效益和社会效益相结合。最后，在评价实施上，要重视绩效改进与反馈，实行闭环管理，防止出现"为评估而评估"的短期行为和应付现象。

4.4.5 我国排球后备人才培养政府购买公共服务的基本特征

4.4.5.1 促进排球项目发展全面性

政府购买公共服务就是要解决政府单一机构提供公共服务的局限性，社会组织的参与从根本上解决了政府提供公共服务的品类缺乏和专业性不足的问题。政府原本提供的排球后备人才培养资源严重不足，且都集中在体育部门和教育部门，无法面对全社会提供排球项目服务，这是排球后备人才数量和排球项目发展受限的根本原因之一。政府购买公共服务从引入社会资源的角度解决了这一问题。通过政府培育非营利社会组织，能够有效整合社会资源。社会组织的自我管理能力加强了其融合和发掘社会中具有一定专业性的、能够完成排球后备人才培养工作的社会资源的能力，使其可以面向全社会不同层面同时开展排球运动，形成规模较大、覆盖面较广的排球后备人才基础。政府通过购买服务将发展排球项目和培养后备人才的具体事务转移给社会组织完成，能够更好地集中力量制定相关政策，提供相关保障，同时可以对社会组织的执行过程进行监管。因此，政府购买公共服务培养排球后备人才能够促进排球项目全面发展。

4.4.5.2 社会服务方向的可控性

社会组织的发展离不开政府提供的政策倾斜和资金保障。社会组织在承接政府公共服务项目时，需要从政府获得政策和资金方面的支持，政府对社会组织提供的公共服务具有极强的可控性。政府在开展购买工作的同时，可以根据实际情况对社会组织提出关于发展方向、发展目标、业绩考核等方面的要求，并体现在契约当中。政府部门可随时对社会组织的执行过程进行监督管理，既能够降低政府成本，又能够有效提高此项公共服务的效率。体育主管部门对排球后备人才培养的要求和目标，同样可以体现在契约当中，从而对排球后备人才培养的质量、方向和目标加以掌控。政府虽然没有直接从事发展排球项目、培养后备人才工作，但是政府对培养过程和结果具有绝对可控性。政府通过与社会组织建立契约，转型成为公共服务的提供者和监管者，既完成了角色的调整转换，又大大提高了排球项目发展和后备人才培养的质量和效率。

4.4.5.3 提高后备人才培养的专业性

社会组织在市场竞争机制中需要不断提升自身的专业能力，以满足社会公众不断提高的对于公共服务质量的需求。排球后备人才培养之所以长久以来由政府直接提供，也是因为排球项目本身专业性较强，非一般性社会组织能够承接。政府在前期引导成立专业性的非营利性社会组织，并给予较大的资金和政策支持，与其建立合作伙伴关系，在提供公共服务的过程中帮助其成长。由于这类社会组织在政府部门的监管之下，不以盈利为最终目的，具备一定的公益和服务属性，可以更多地承担政府的社会责任，完成政府转移出来的公共服务任务。而在接受政府提供的购买服务过程中，社会组织健全了自身运行机制、提升了专业能力、丰富了服务品类，为更好地完成政府转移的职能和公共服务储备能量。因此，排球后备人才政府购买公共服务培养模式培育和扶持了一批专门的非营利性社会组织，使政府购买公共服务流程更顺畅，非营利性社会组织成长更快速。以非营利性社会组织为纽带，政府与社会之间沟通更紧密、联系更顺畅，同时提高了排球后备人才培养的专业性。

4.4.5.4　后备人才培养主体的多元性

原有的三级训练培养模式已经残破不堪，后备人才培养体系已经被打乱，"体教结合"成为目前大多数城市排球后备人才培养的主要模式。培养主体的单一限制了排球后备人才培养的规模，造成培养单位零散，缺乏整体性，这就需要将不同层次的培养主体有效地衔接起来。多中心治理理论为重建一个新体系提供了可能。政府购买公共服务所具有的功能完全符合排球后备人才培养所需的条件，也契合社会主义市场经济发展和政府职能转变。通过为社会组织提供资金和政策的支持，利用政府购买公共服务的社会性和全面性，同时在各个层级学校开展排球后备人才培养活动。通过社会组织在原有体系外部建立新的系统，为排球后备人才培养服务提供更多的选择。在保持政府主导的情况下，为政府提供了更多培养主体的选择。主体的多元化，弥补原有系统崩塌带来的人才培养分散、体系不健全的缺陷。社会组织还会关注排球后备人才培养过程的每一环节，对排球后备人才培养进行整体建设。此外，社会发展所芾来的需求激增，必须通过政府购买公共服务，提高服务的多元性来满足。

4.4.6 我国排球后备人才培养政府购买公共服务的运行方式

培养排球后备人才这一目的，是通过社会组织向政府提供的一项服务来实现的。政府作为购买主体、社会组织作为提供服务的主体，新公共管理理论和契约理论为政府购买公共服务培养排球后备人才理论的构建提供了理论基础。在我国政府转型，全面深化改革的大背景下，遵循政府主导社会服务原则、全面普及逐级择优原则、体教并行多元上升原则、契约管理市场竞争原则，基于政府购买公共服务的形式，构建以体育局、教委等政府部门为购买主体，通过直接和间接的合同契约方式，向社会组织提供资金和政策支持的体系。在提供相关支持的同时，通过过程监管和绩效评估方式对社会组织进行评价。社会组织则负责在得到支持后全面开展排球项目发展及后备人才培养工作，并按照合同内容向指定人群提供服务，接受政府部门的绩效评估。最终形成政府、学校、社会组织共同参与排球后备人才培养的方式，见图4-5。

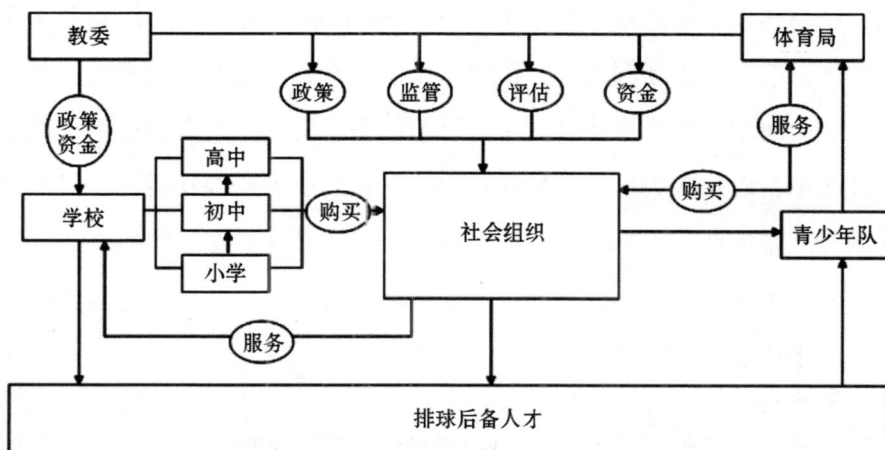

图4-5 排球后备人才培养政府购买公共服务结构图

4.4.6.1 我国排球后备人才培养政府购买公共服务的管理体制

随着社会经济发展，政府职能转变，原有"举国体制"下排球后备人才培养也须进行相应转变。组织管理体制是管理的组织体系同与之相匹配的管理规范的有机统一体，在一定程度上决定了后备人才培养过程中各参与主体应具有什么职能，即体育行政部门在其中扮演何种角色，需要做什么来达到新时代"服务型政府"的相关要求。新公共管理理论的兴起为政府职能转变提供了理论依据：（1）政府的职能转变由原来的全部包揽，既"掌舵"又"划桨"，转变为政府在公共管理中扮演催化剂和促进者的角色①，只"掌舵"不"划桨"。从部门封闭、沟通困难、机构臃肿、效率低下，向精简机构、重塑形象、提升行政效能转变。（2）政府与社会组织建立伙伴关系，激发社会组织参与公共管理的积极性，由市场来决定公共服务由谁来提供。（3）提供公共服务的主体多元化，当政府将一部分提供公共服务的职能和权利分割出来后，不但没有降低公共服务的质量和数量，反而促进了公共服务提供主体的多元化，社会组织的加入将政府从烦琐复杂的具体事务中解脱出来，政府得以将更多精力用于宏观管理和方向把握上。（4）随着深化行政体制改革的不断深入，人民群众生活水平日益提升，需求更加复杂多元。政府单方面提供的公共服务已不能满足需求，需要通过供给侧结构性改革，以需求为导向，发挥社会蕴藏着的巨大资源和潜能，提供丰富的公共服务产品。（5）政府在运行过程中采用市场运作的模式，使竞争机制和成本控制成为选择公共服务的先决条件，绩效考核成为提高效率的手段。

---

① 戴维·奥斯本，特德·盖布勒. 改革政府：企业家精神如何改革着公营部门［M］. 上海市政协编译组，东方编译所，译. 上海：上海译文出版社，1996：1-3.

　　我国排球后备人才培养体系在这一轮改革中必须适应改革的整体要求，从原有的"大而全"的系统中剥离出一部分管理和执行层面的工作，交由社会组织完成，从而实现"管办分离"。政府将主要精力放在政策制定和监管执行上，真正使体育行政部门成为排球后备人才培养的"舵手"，而非"划桨手"。调查显示：宁夏回族自治区和北京市通州区排球项目开展过程中，当地体育主管部门本身并不具备开展排球运动、培养排球后备人才的能力，因此将这一职能转移给非营利的社会组织来承担，政府为其提供政策上和资金上的支持。

　　目前我国排球后备人才紧缺，排球市场不振，人民群众对参与排球运动的需求日益迫切，体育行政部门从现实和长远角度出发，释放出排球后备人才培养和排球项目发展的需求，催生和扶持出一批专门服务于排球项目的社会组织。社会组织调动社会的潜在资源，为服务注入新的活力，最终成为培养排球后备人才的重要补充力量。社会组织可以作为公益性的、非营利性的社会组织，根据发展这一项目的实际需要调整服务内容和对象。

　　国家体育总局发布的《体育产业"十三五"规划》中指出，健全政府购买体育服务体制机制，完善资金保障、监督管理、绩效评价等配套政策。政府可以通过购买的形式与社会组织建立合作伙伴关系，以物资和资金等方式培育和发展这类社会组织，使其成为此类公共服务的提供者，缓解排球后备人才培养过程中的压力和矛盾，并通过政策导向、经济扶持和实施监管，完成原有"举国体制"下对排球后备人才的培养要求。为此，需要建立政府购买公共服务培养排球后备人才的组织管理体制，明确各主体分工，理顺关系，形成"政府主导、部门负责、社会参与，共同监管"的体育组织管理体制，见图4-6。

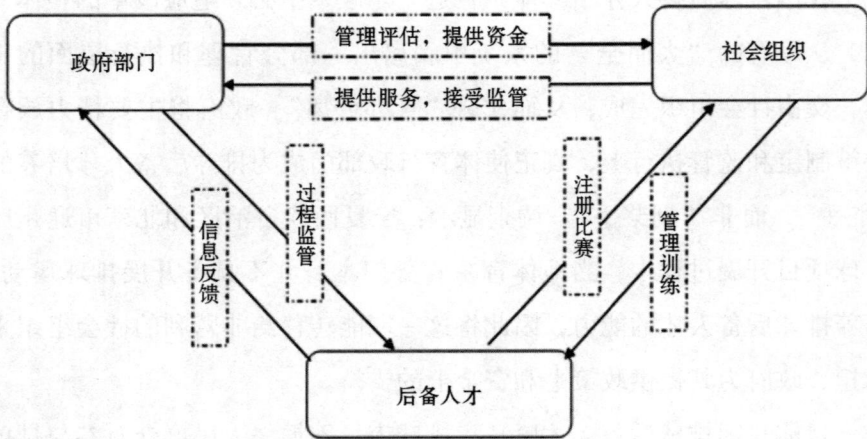

图 4-6 排球后备人才培养政府购买公共服务管理体制图

具体设想：（1）体育行政部门转移出组织训练、规划项目发展、竞赛运行等具体职能，通过统一规划、制定政策、筹备购买资金进行宏观管理，制定监管指标，对承接服务的社会组织进行监管；（2）社会组织全面规划所承接的培养排球后备人才项目，负责发展规划落实和管理工作，提供合格教练员、赛事组织工作和其他相关服务，执行主管政府部门要求；（3）开展排球项目的各级学校，提供场地、器材，组织生源，并根据上级主管部门的政策按标准向社会组织支付资金，同时配合上级主管部门对所承接服务项目的社会组织进行监管和评价。这个组织构架基于：（1）体育主管部门将具体的培养工作转移给社会组织，从根本上实现政府职能转变，从既提供、又生产、还监管，转为只提供和监管，减少编制和资源内耗。（2）有效培育和发展社会组织，并与其建立伙伴关系，充分激发其整合和调动社会资源的功能，使其在各个政府部门之间相互沟通，成为润滑剂。社会组织可以专注于根据项目需要实施项目发展和培养后备人才规划，保证各渠道资金统一用于排球后备人才培养。(3) 通过建立契约和引入市场竞争,提高社会组织提供服务的积极性,从而提高服务的效率和质量。(4) 建立多层监管体系,学校作为一层独立部门掌握着实际评价权,对社会组织提供的服务最具发言权,进而可以与上级主管部门形成对服务过程的多层监管,保证服务的效率和质量。(5) 实践表明,政府购买公共服务在推动体育部门职能转变、发展社会组织、整合社会资源、提高排球项目发展水平上起到了重要作用。

4.4.6.2 我国排球后备人才培养政府购买公共服务的资金保障体制

资金保障是社会主义市场经济背景下体育后备人才培养的重要条件,资金是否充足直接决定了后备人才培养的效果。《国务院关于印发全民健身计划(2016—2020年)的通知》中指出,加大资金保障力度,依据政府购买服务总体要求和有关规定,制定政府购买全民健身公共服务的目录、办法及实施细则,加大对基层健身组织和健身赛事活动等的购买比重。在以青少年为培养主体的排球后备人才培养过程中,需要建立与市场经济相匹配的资金渠道。计划经济体制下,后备人才培养主要依靠政府财政拨款,资金渠道单一、配置不合理,直接限制了排球项目市场化运营的发展要求,影响后备人才培养的规模、质量、速度和广度。政府购买公共服务,一方面,使政府拨付的培养资金得到合理分配并注入后备人才培养的过程中;另一方面,社会组织具有独立的经营权,可通过面向全社会提供公共服务来获取自身发展需要的资金。比如,北京市通州区腾飞排球运动发展中心利用排球教学优势,面向社会开展排球培训业务,在满足青少年学习排球运动需要的同时,也获得了自身发展的资金。此外,也可通过面向全社会筹集资金的方式,募集排球后备人才培养的社会资金。例如,宁夏排球协会自成立以来,通过吸收社会捐款、企业投资、公司赞助等形式募集资金 120 余万元，全部用于自治区内各级各类赛事组织、排球各项活动的开展。

政府购买公共服务的职能分割中，公共服务的生产者和承接者由政府转变为社会组织。社会组织通过承接公共服务，整合不同渠道资金，用于排球后备人才培养，打破了政府部门间资金使用的屏障。由此可见，建立一个排球后备人才培养政府购买公共服务的资金保障体制，实现资金渠道多元化具有重要意义。需要明确社会组织角色，允许社会组织承接不同部门提供的公共服务项目。将单一渠道发展为政府资金、经营资金、募捐资金等多元渠道，形成"政府购买资金为主、自筹资金为辅，具有自身发展活力的排球后备人才培养资金保障体制"，见图 4-7。

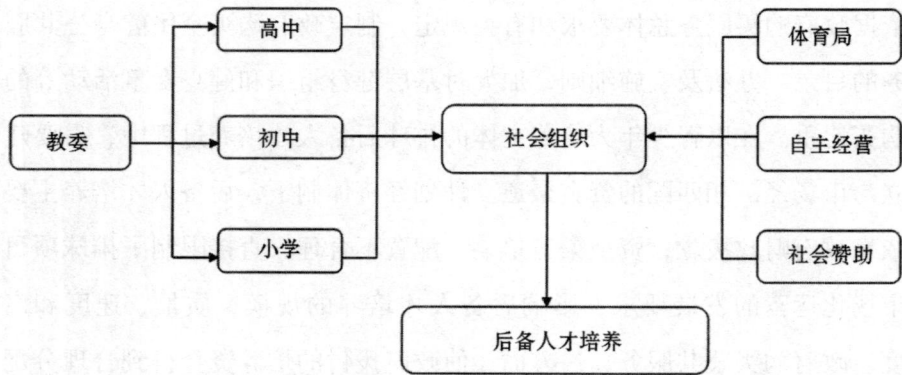

图 4-7　排球后备人才培养政府购买公共服务资金保障体制图

4.4.6.3　我国排球后备人才培养政府购买公共服务的训练升学体制

人的发展是一个完整的系统性过程。后备人才的培养过程需要考虑青少年成长过程的各个方面，特别是对于文化教育的需求。三级训练培养模式中后备人才的文化教育主要依托于体校，而体校更多地专注于运动员技术方面的培养和运动能力的提升，"重体轻教"的意识普遍存在，文化方面的教育资源和师资水平远不能满足现代社会对人才培养的需求，抑制了体校后备人才发展，同时造成了后备人才成年后社会适应能力弱等问题，使作为后备人才培养的人员成为竞技体育发展的"代谢物"，甚至是需要全社会救助的"困难户"。例如"邹春兰"事件等类似案例，已经严重影响青少年投身竞技体育的积极性。2018年9月，习近平总书记在第34个教师节到来之际的全国教育大会上指出：教育的目标是"培养德智体美劳全面发展的社会主义建设者和接班人"①。体质健康是塑造健全人格、实现全面发展的一项重要指标。"体教结合"模式下，学校是后备人才文化教育的主要载体。表面来看，后备人才文化教育问题得到了解决。但不同于体校的"重体轻教"，学校内部受升学等问题影响普遍"重教轻体"，导致对体育后备人才的培养流于形式。教育部门和体育部门的政策壁垒也导致教练资源、资金投入和硬件设施不能完全得到整合，学校并没有成为我国体育后备人才的摇篮。

后备人才回归学校和社会是必然趋势。政府购买公共服务培养排球后备人才是在原有的培养体系基础上，重新构建起以社会组织为培养主体，政府、学校、运动员共同参与，整合体育、教育部门资源，具有良好沟通性，利于系统培养后备人才的训练和升学体制。政府通过购买公共服务与社会组织建立伙伴关系，社会组织整合高水平教练员资源、训练硬件资源，并使其进驻学校，学校整合优质教育资源，建立升学机制，扩大后备人才选材范围和基础数量。此外，社会组织可按照各层级专业队伍的选拔要求，推荐符合条件的后备人才到专业队或二、三线队

---

① 习近平. 坚持中国特色社会主义教育发展道路 培养德智体美劳全面发展的社会主义建设者和接班人 [EB/OL]. 新华网，2018-09-10.

伍继续发展，后备人才也可选择进入高校的高水平运动队继续学习训练。在实地考察中发现，宁夏排球协会将后备人才培养建立在宁大附中和宁大体育学院，由学校作为培养主体，并代表宁夏回族自治区参加各级别排球比赛。北京市通州区腾飞排球运动发展中心与人大附中通州校区和首师大附中通州校区建立合作，派遣教练员分别在两个学校组队训练，并参加北京市以及全国比赛。总结这两种模式的成功经验在于：一方面，满足青少年享受优质教育资源、实现全面发展的需求；另一方面，由专业教练员组织竞训工作，满足后备人才运动水平提高的需求。在这种方式下，后备人才成为既具有文化知识、运动技能，又拥有健全人格、适应能力的合格人才。由此可见，社会组织进入学校对在校青少年进行培养，一方面，将具有排球运动天赋的后备人才选送至专业排球队；另一方面，后备人才可以通过学校的途径逐年上升至高校，进而进入省级专业排球队或国家队。此种方式为排球后备人才提供了相互连通的两条路径，摒弃了"自古华山一条路"的培养途径，见图4-8。

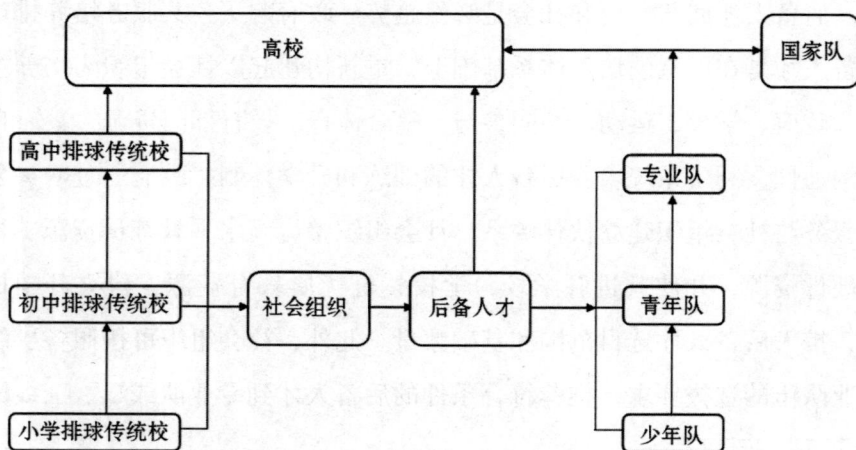

图4-8　排球后备人才培养政府购买公共服务训练和升学体制图

4.4.6.4 我国排球后备人才培养政府购买公共服务的竞赛培训体制

排球后备人才培养不单是对后备人才技战术的培养，还应根据后备人才的培养需要，从多主体合力共治、同向促进的方向进行整体设计，从不同的角度建立起完备的培养体系。排球后备人才培养需要在组织竞赛、教练员培养、裁判员培养等方面提供多元主体服务。多中心治理为社会组织参与排球后备人才培养体系提供了理论基础。每个主体各司其职，正常运转，共同发挥作用，保证排球后备人才充分供给。

体育竞赛是检验运动员平时训练成果和竞技水平的重要方式。长期以来，都是由体育主管部门直接主办。而当体育部门资源不足、精力不够或没有能力组织竞赛工作时，竞赛则被搁置。缺乏成果检验的体育训练，其结果就是发现后备人才的平台少、渠道匮乏，项目受关注度不高，发展受到严重影响。因此，通过政府购买公共服务，社会组织作为多元供给者，为排球后备人才提供公平、专业的比赛环境，提供专业的竞赛组织服务，满足排球后备人才培养过程中对于体育竞赛的需求。体育主管部门只需要给予相应政策和资金支持，对竞赛过程进行监管。调查中显示：宁夏排球协会和北京市通州区腾飞排球运动发展中心在排球发展框架中都设计了举办和参加不同级别排球竞赛的条款。

培训体系是后备人才培养体系中至关重要的环节。建立完善的培训体系对于提高教练员素养十分必要。教练员的业务水平，直接决定了排球后备人才的培养质量。经统计分析，目前在一线从事教练员行业的人员主要为退役运动员和普通体育院校或师范院校毕业的本科生、研究生。经研究发现，教练员群体主要存在两个问题：一是退役运动员普遍采用经验教学，根据其自身训练经验进行重复式训练，训练过程缺乏科学性、系统性和创新性。二是高校毕业生具有一定的理论水平，但自身缺乏从事排球运动的实践经验，处于边摸索边教学的状态。调查发现，宁夏回族自治区和北京市通州区本身并不具备专职排球教练员，对于排球教师、教练员的培训更属空白。这两个地区通过政府购买服务的方式使社会组织进入排球后备人才培养领域，建立起教师、教练员培训制度，定期举办基层教练员和排球教师培训工作，传授系统训练理论，分享实践经验，鼓励、推荐区内具有一定水平的教师、教练员参加全国教练员相关培训，有效提高了教练员的业务水平，提升了教学经验，进一步促进排球项目发展和后备人才培养。社会组织的介入，增加了教练员的数量，提高了排球后备人才的参赛数量，整合了散乱的教练员资源，打破了原有竞赛和培训体制中"体""教"两方面针对性过强的壁垒，既能够满足排球教师提高专业训练水平的需要，又能够弥补教练员对于教学方法理论的不足，还能够发挥社会组织在竞赛方面的包容性和专业性。

4.4.6.5 排球后备人才培养政府购买公共服务的购买流程

体育行政部门在进行政府职能转变和引入社会组织参与提供公共服务的过程中，首先要将过程中涉及的各个主体按照政府购买公共服务的要求进行划分。根据《政府购买服务管理办法（暂行）》规定的三个基本环节，即公共服务的供给、生产和消费，将各参与主体具体划分为：购买主体（供应者）、承接主体（生产者）、受众主体（使用者）。在原有计划经济体制下，体育行政部门同时担任了供应者和生产者的角色①。市场经济条件下，社会对于公共服务的需求不断提升，原有运行模式已无法适应需求的增加和要求的变化，需要通过政府向社会组织购

---

① 王浦劬，萨拉蒙，等．政府向社会组织购买公共服务研究：中国与全球经验分析 [M]．北京：北京大学出版社，2010：9．

买公共服务的方式，将政府的"生产过程"让渡给社会组织，以扩展排球项目的服务范围，提高排球后备人才的数量和培养质量。

我国原有的排球后备人才培养的管理方式主要为：体育行政部门或教育行政部门（供应者）以上下级的形式直接管理教练员或教师（生产者），对适龄人群进行培养。实现政府购买公共服务后，"生产者"即公共服务的承接者变为社会组织，原有的管理体制不再适用于这种关系。委托代理理论为解决这一问题提供了理论支持，即通过建立契约关系，授权社会组织为指定群体提供公共服务。而政府购买公共服务区别于政府采购一般物品，服务过程中的感情要素投入难以精准计算，培养效果、产生价值难以确切计量，因此建立契约的形式多为谈判式或合作式。而这种契约形式要求政府与社会组织的合作过程必须建立起伙伴关系。委托代理理论用关系契约解决了这一难题，关系契约的主要特点是自我履行机制，正是因为最终结果不容易验证或验证成本高昂，契约双方会依赖自我执行从而保障合同履行顺利①。关系契约更适用于排球后备人才培养这类政府购买的公共服务行为。合作前期可以通过建立框架，将双方的权责进行初步明确，合作内容可以在实施过程中不断根据实际情况进行逐步填充。例如，北京市通州区体育局与北京市通州区腾飞排球运动发展中心签订契约的初期，只是提出了一个发展区内排球项目的整体框架，对于其中具体需要完成哪些内容并未逐一规定。在此框架之下，北京市通州区腾飞排球运动发展中心以自我履行的方式对框架内具体任务进行了逐一完善，在区内排球项目开展、青少年队伍建立、后备人才梯队建设、通州区内排球竞赛组织、区内裁判员队伍培养等方面进行了细化补充和具体实施。这种互信的建立，为政府与社会组织长

---

① RAY D. The structure of self-enforcing agreements [J]. Econometrics, 2002: 547-582.

期合作打下了坚实基础。社会组织的自我履行方式也为其不断提高自身能力，提升服务效率，增强市场竞争力，高质量完成政府转移出来的职能奠定了基础。

排球项目发展和后备人才培养不是短期工作，是一个长期的系统工程。关系契约正是在长期合作预期下形成的，其引导政府和社会组织共同遵循行为规范和预期目标，对购买关系中的控制权进行重新配置。排球后备人才培养政府购买公共服务的购买流程，见图4-9。

（1）关系契约建立的前提。政府制定购买公共服务规划，明确工作的原则以及公民对于公共服务需求的迫切程度、购买公共服务开展条件的成熟度、开展公共服务自身的难度等条件。还须建立购买机制和管理制度，健全规范化流程和完整的组织管理机制。在开展购买工作前，应向社会及时公开购买计划和要求，公布购买的服务项目、内容以及对承接主体的要求和绩效评价标准等信息，并建立健全项目申报、预算编报、组织采购、项目监管、绩效评价的规范化流程。

根据社会组织的情况设计并建立关系契约的目标框架，明确政府与承接方的关系和职责，强调政府是公共服务的最终责任人，并对承接方的执行过程负有监管责任，应审查承接方所提供的计划或方案。承接方必须具有独立法人和决策权，具有较强的主观能动性，能提供更符合需求的专业性服务。最终设计双方满意的合同条款。

第一，政府部门根据发展排球项目的需要制定购买公共服务的方案，建立关系契约的构架。明确购买的内容、方式、要求、时间和资金支付方式，将必要信息向社会公布，通知有意向、有条件的社会组织或机构积极参与竞标。

第二，符合要求的社会组织根据政府要求，在指定时间内提交承接公共服务的相关材料。根据《政府购买服务管理办法》，符合要求的社

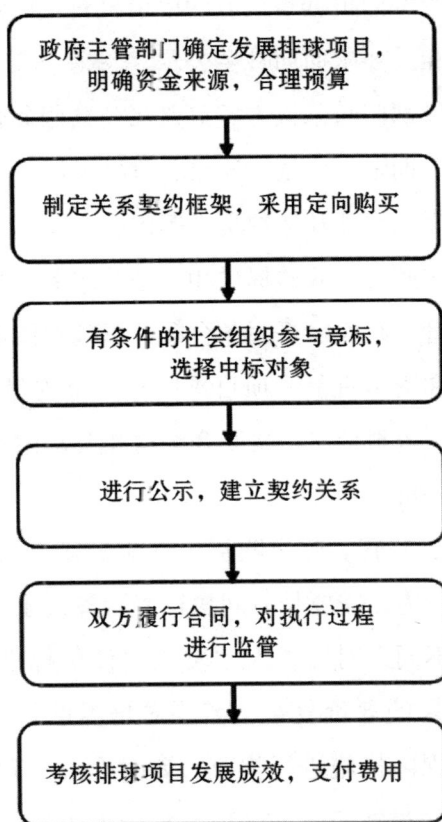

图 4-9 排球后备人才培养政府购买公共服务的购买流程图

会组织必须满足：依法设立，具有独立承担民事责任的能力；治理结构健全，内部管理和监督制度完善；具有独立、健全的财务管理、会计核算和资产管理制度；具备提供服务所必需的设施、人员和专业技术能力；具有依法缴纳税收和社会保障资金的良好记录；前三年内无重大违法记录，通过年检或按要求履行年度报告公示义务，信用状况良好，未被列入经营异常名录或者严重违法企业名单；一般包括基本情况，师资情况，以往开展成绩，项目开展的计划、方案，资金规划等。

第三，政府主管部门根据承接方的申请材料，以考核评估的方式确定承接方，并根据相关要求面向社会公示。

第四，政府主管部门与承接方签订购买公共服务合同，合同应当明确购买服务的内容、期限、数量、质量、价格等要求，以及资金结算方式，双方的权利、义务事项和违约责任等内容。

第五，承接者按照合同开始提供相关公共服务，政府提供相关便利条件并进行过程监管。政府购买服务台账，承接主体记录相关文件、工作计划方案、项目和资金批复、项目进展和资金支付、工作汇报总结、重大活动和其他有关资料信息，接受和配合相关部门对资金使用情况进行监督检查及绩效评价。

（2）执行过程的监管。政府购买公共服务培养排球后备人才不是一次性的物品购买行为，需要长时间执行，后备人才的培养效果也不能在短时间内显现，不同人对后备人才质量的评价标准也不尽相同。排球后备人才培养效果的评价复杂，需要对培养的执行过程加强管理，对监管措施及效果保障措施进行规范。要对全过程跟踪监管，对服务成果检查验收。在购买框架下，这种以承接方主导的政府购买行为更能反映社会的真实需求，并有针对性地解决问题，使培养主体的针对性更强。而在培养排球后备人才、发展排球项目过程中主要对接的是体育局和教委下属各级中小学校，可以通过其对社会组织在执行阶段进行多层监管。

（3）契约的完成。完成公共服务购买一般按照合同的约定执行。排球后备人才培养服务一般以合同约定的时间为限，在每一周期的时间节点对上一周期排球后备人才培养的内容和效果进行检查，并根据评价结果支付费用。政府对排球后备人才培养的检查评估内容包括：是否按照合同组织队伍参加比赛、是否取得相应比赛成绩、是否建成后备人才培养体系、是否有合格后备人才向上级输送、资金使用是否规范、过程性材料是否齐全。根据周期内具体情况的差异，检查评估标准应有所区别，但整体来说应该与最初合同设定的构架相一致。应主动引入第三方机构展开绩效评价工作。就后备人才培养整体的经济性、规范性、效率性、公平性以及培养质量、效果展开评价，体育主管部门最终出具评价意见。鉴于排球项目的特殊性和竞赛成绩的偶然性，应根据所完成的程度支付所需费用。这样，整个政府购买公共服务的契约才全部完成。社会组织在本周期培养后备人才的情况也应该作为再次合作的参考条件。

4.4.7 小结

研究表明，排球后备人才培养政府购买公共服务方式是提高排球后备人才培养水平的有效途径。排球后备人才培养政府购买公共服务理论体系的构建，以政府购买公共服务相关理论为理论基础；以政府主导社会服务、全面普及逐级择优、体教并行多元上升、契约管理市场竞争、结果导向绩效管理为原则；以促进排球项目发展的全面性、社会服务方向的可控性，提高后备人才培养的专业性、后备人才培养主体的多元性为特征，从组织管理体制、竞赛培训体制、训练升学体制、资金保障体制和政府购买体制入手，强化契约建立、过程监管、契约实现，形成"举国体制"下"政府主导、部门负责、社会参与，共同监管"的后备人才培养新途径。

5 结 论

通过对政府购买公共服务基础理论，即新公共管理理论、委托代理理论的基本概念、基本原则、主要任务、基本特征、目标意义进行梳理分析，结合我国排球后备人才培养现状，为创新我国排球后备人才培养政府购买公共服务实践提供理论支撑。

我国排球后备人才培养依据不同历史时期的经济体制和行政管理体制可以划分为五个阶段，各阶段呈现不同特征，其总体趋势中，国家始终是排球后备人才培养的主导者，排球后备人才来源和培养主体由多元到单一再向多元发展。现阶段排球后备人才培养的主要模式是三级训练培养模式和"体教结合"模式，随着社会主义市场经济建设和全面深化改革的推进，要求建立符合社会发展和时代特点的排球后备人才培养途径。

现阶段影响我国排球后备人才培养的主要因素是：后备人才培养规模较小、比赛场次不足、教练员执教能力不均衡、学训矛盾凸显、上升渠道狭窄、资金来源渠道单一、管理体制不健全、培养主体单一和缺少市场竞争机制，未能调动全社会的资源共同参与排球后备人才培养，严重影响排球运动发展和后备人才培养的数量和质量。

实践表明，社会组织通过政府购买公共服务的形式参与排球后备人才培养的方式已经基本形成。新方式扩大了排球后备人才发展规模，整合了教练员资源，强化了教练员管理，丰富了排球赛事，实现了学训兼顾，提供了多元输送渠道，拓宽了资金来源，规范了经费投入。政府部门与社会组织合作的过程，为发展排球后备人才培养政府购买公共服务途径奠定了实践基础。

我国排球后备人才培养政府购买公共服务理论体系，明确了政府部门和社会组织各自的职能定位，完善了"举国体制"下排球后备人才培养体系，符合新时代社会主义市场经济建设和全面深化改革对于体育事业发展的要求，为其他体育项目后备人才培养提供了借鉴，为政府制定购买体育公共服务相关政策法规提供了依据。

结　语

冬去春来，十年寒暑。十年前我有幸就读于北京体育大学，从一名专业运动员到一名风华正茂的学生，在身份的转变中迎来了人生的起点。十年来北体见证了我的成长，我也见证了北体的发展；十年来青春岁月硕果累累，历经坎坷迷途有路。不变的是北体追求卓越，不变的是吾师德厚道远，不变的是我辈砥砺前行。

首先谨以诚挚的敬意感谢我的导师葛春林老师。葛老师知识渊博，见解独到，于事睿智，于人平实。在整个博士求学期间给予我无私的教诲。葛老师治学严谨、精益求精的精神深深地影响着我。从选题的确立到论文的撰写无一不凝结着葛老师的心血。

还要感谢在我求学道路上一直指引着我前进的钟秉枢老师、高峰老师、孙平老师、尹红满老师、古松老师。

感谢在我研究过程中给予我大力支持和热心帮助的石永鸣指导、连道明教授、李德荣教授以及给予我帮助的全国各级教练员们。感谢与我同舟共济、对我鼎力相助的同学们。

最后，借此机会向所有支持我、帮助我和关怀我的每一个人表示衷心的感谢！

参考文献

［1］李安格. 中国女排浮沉录［J］. 中国体育科技，1995（2）：30-32.

［2］钱晓艳. 我国排球后备人才培养模式创新探析［J］. 经济研究导刊，2017（17）：86-87.

［3］熊晓正，夏思永，唐炎，等. 我国竞技体育发展模式的研究［M］. 北京：人民体育出版社，2008：14，186-187.

［4］李严亮. 对我国竞技体育人才培养模式的思考［J］. 湖北函授大学学报，2015，28（5）：102-103.

［5］丁永玺，张迎迎. 我国排球后备人才培养模式分析［J］. 鲁东大学学报（自然科学版），2008，24（4）：380-384.

［6］宋信勇，宋潇亮，宋帅. 我国排球后备人才"协同创新"培养模式探析［J］. 山东体育学院学报，2014，30（4）：28-31.

［7］吴金元，任海. 我国"三大球"的滑坡与后备力量的培养［J］. 体育与科学，2001，22（1）：37-40.

［8］姜冠军. 我国男子排球后备人才现状与培养方式的研究［J］. 西安体育学院学报，2004，21（1）：81-84.

[9] 亢晋勇. 我国男子排球后备人才培养现状及成因研究 [J]. 成都体育学院学报, 2011, 37 (12): 57-60.

[10] 张庆宝, 李晓庆, 吕梅. 对我国男子排球后备人才现状与培养方式研究 [J]. 北京体育大学学报, 2003, 26 (6): 836-838.

[11] 张浩. 河南省排球后备人才培养现状的调查与对策研究 [J]. 山东体育科技, 2011, 33 (2): 20-23.

[12] 关涛, 杨振侨, 靳军. 竞技排球后备人才培养现状及体系构建——以河南省为例 [J]. 吉林体育学院学报, 2015, 31 (1): 45-48.

[13] 赵翼虎. 我国竞技排球后备人才发展变化研究 [D]. 南京: 南京师范大学, 2005.

[14] 杨烨. 教育学视野中的竞技体育人才培养 [J]. 上海体育学院学报, 2006, 30 (2): 61-64.

[15] 龚德贵. 中国排球运动可持续发展与后备力量的培养 [J]. 体育学刊, 2001, 8 (2): 60-62.

[16] 俞继英, 沈建华, 宋全征, 等. 21 世纪我国竞技体育人才资源可持续开发的思考 [J]. 上海体育学院学报, 2004, 28 (1): 1-6.

[17] 黄香伯, 周建梅. 体教结合培养体育后备人才模式研究 [J]. 武汉体育学院学报, 2004, 38 (1): 19-21.

[18] 吉建秋, 陈颖川. 高校高水平排球运动规范化运行的体制分析 [J]. 北京体育大学学报, 2002, 25 (2): 239-241.

[19] 池建. 关于"高校试办高水平运动队政策"的解析 [J]. 天津体育学院学报, 2003, 18 (4): 75-77.

[20] 陈小平, 于芬. 我国普通高校运动训练科学化的构想——以清华大学跳水队为例 [J]. 中国体育科技, 2003, 39 (3): 1-4, 7.

[21] 杨桦. 中国体育发展方式改革研究 [M]. 北京: 高等教育出版社, 2016.

[22] 饶燕婷."产学研"协同创新的内涵、要求与政策构想 [J].高教探索，2012（4）：29-32.

[23] 徐伟宏，柯茜.构建新型"小学—中学—大学"一条龙竞技体育后备人才培养模式 [J].武汉体育学院学报，2012（11）：79-81.

[24] 周战伟.基于发展方式转变的上海市竞技体育后备人才培养研究 [D].上海：上海体育学院，2016.

[25] 高雪峰.我国全面推行竞技体育社会化的改革构想 [J].武汉体育学院学报，2005（4）：1-4.

[26] 周军.论社会化的竞技体育模式——丁俊晖成功的启示 [J].广州体育学院学报，2006（3）：18-20，13.

[27] 刘青，郑宇，何芝.我国优秀运动员培养方式社会化研究 [J].中国体育科技，2008（3）：3-9.

[28] 刘芳，刘青.社会化——我国优秀运动员培养方式的新选择 [J].武汉体育学院学报，2007（8）：52-55，96.

[29] 葛幸幸."丁俊晖模式"对竞技体育社会化发展带来的启示 [J].北京体育大学学报，2007，30（5）：703-705.

[30] 蒲鸿春，岳海鹏，李林."个人—家庭"竞技体育后备人才培养模式研究 [J].体育文化导刊，2017（9）：72-76.

[31] 王萍丽，薛文标，许榕.中美排球后备人才培养现状比较 [J].体育学刊，2010，17（12）：78-81.

[32] 黄琳，吴希林.中法运动员文化教育对比及启示 [J].体育与科学，2011，32（6）：84-88.

[33] 黄济湘.国内外基层排球运动历史与现状评析——中国女排滑坡后的反思 [J].上海师范大学学报（自然科学版），1995（4）：78-82.

[34] 鲁灿章.需要新鲜血液——卡尔波利谈俄罗斯女排现状 [J].中国排球，2001（2）：32-33.

[35] 杜利军. 俄罗斯体育后备力量培养工作现状 [J]. 国外体育杂志, 1995 (7): 225-227.

[36] 黄依柱, 刘献国, 彭建肆, 等. 古巴女排八连冠的显性优势剖析 [J]. 北京体育大学学报, 2001 (4): 564-566.

[37] 黄依柱, 彭建肆. 古巴女排长盛不衰的隐性因素分析 [J]. 体育学刊, 2002 (4): 139-141.

[38] 浦京. 美国排球的"金字塔"(上)[J]. 中国排球, 2002 (2): 32-33.

[39] 赵孟君, 吴希林. 美国青少年体育及竞技后备人才培养模式与启示 [J]. 体育与科学, 2014 (6): 51-54.

[40] 浦京. 美国排球的"金字塔"(下)[J]. 中国排球, 2002 (3): 30-31.

[41] 上官一琳. 中美竞技体育排球运动员人才培养模式的比较研究 [D]. 石家庄: 河北师范大学, 2013.

[42] 王浦劬, 萨拉蒙. 政府向社会组织购买公共服务研究: 中国与全球经验分析 [M]. 北京: 北京大学出版社, 2010.

[43] 汤伟. 上海政府购买公共服务的进展与思考 [J]. 城市管理与科技, 2013 (1): 16-20.

[44] 邵冰, 安秀梅. 无锡市政府购买公共服务改革的问题、成效及对策 [J]. 中国政府采购, 2009 (1): 32-33.

[45] 杨宝. 政府购买公共服务的模式比较及解释——一项制度转型研究 [J]. 中国行政管理, 2011 (3): 41-45.

[46] 赵玉宏, 郭万超. 我国政府购买公共服务模式分析 [J]. 城市管理与科技, 2013 (1): 12-15.

[47] 朱玉知. 政府购买养老服务的公共政策分析 [J]. 天水行政学院学报, 2008 (4): 72-76.

[48] 刘庆山. 我国体育公共服务体系研究评述 [J]. 上海体育学院学报, 2008 (5): 24-26.

[49] 王才兴. 构建完善的体育公共服务体系 [J]. 体育科研, 2008 (2): 1-13.

[50] 孔祥. 城市社区体育公共服务体系建设的供给主体及实现路径 [J]. 体育与科学, 2011, 32 (4): 66-71.

[51] 曹可强, 徐箐, 俞琳. 完善上海市体育公共服务体系的若干对策建议 [J]. 体育科研, 2008 (2): 32-36.

[52] 刘次琴. 新时期中国体育公共服务供给主体多元发展研究 [J]. 浙江体育科学, 2012, 34 (3): 23-26.

[53] 晏绍文, 秦小平. 体育公共服务多元化供给研究 [J]. 湖州师范学院学报, 2011, 33 (1): 69-74.

[54] 罗攀. 论体育权利与体育公共服务均等化 [J]. 西安体育学院学报, 2011, 28 (4): 428-432.

[55] 刘玉. 发达国家体育公共服务均等化政策及启示 [J]. 上海体育学院学报, 2010, 34 (3): 1-5.

[56] E. S. 萨瓦斯. 民营化与公私部门的伙伴关系 [M]. 周志忍, 等, 译. 北京: 中国人民大学出版社, 2002.

[57] 夏征农, 陈至立. 辞海 [M]. 上海: 上海辞书出版社, 2009.

[58] 韩金生, 路冠英. 教育科学研究法 [M]. 保定: 河北大学出版社, 1992.

[59] 国家体委体育文史工作委员会, 中国排球协会. 中国排球运动史 [M]. 武汉: 武汉出版社, 1994.

[60] 中国社会科学院语言研究所词典编辑室. 现代汉语词典 [M]. 北京: 商务印书馆, 1980.

［61］莱昂·狄骥．公法的变迁：法律与国家［M］．郑戈，冷静，译．沈阳：辽海出版社，1999.

［62］陈振明．公共服务导论［M］．北京：北京大学出版社，2011.

［63］国务院办公厅关于政府向社会力量购买服务的指导意见［J］．大社会，2019（2）：30-31.

［64］上海金融学院城市财政与公共管理研究所．政府购买公共服务：理论、实务与评估［M］．北京：中国财政经济出版社，2015.

［65］李慷．关于上海市探索政府购买服务的调查与思考［J］．中国民政，2001（6）：23-25.

［66］虞维华．政府购买公共服务对非营利组织的冲击分析［J］．中共南京市委党校南京市行政学院学报，2006（4）：46-51.

［67］彭浩．借鉴发达国家经验推进政府购买公共服务［J］．财政研究，2010（7）：48-50.

［68］孙健．我国政府向社会组织购买公共服务研究［D］．广州：中共广东省委党校，2012.

［69］财政部、民政部、工商总局制定《政府购买服务管理办法（暂行）》［J］．全国商情（经济理论研究)，2014（Z2）：24-27.

［70］王浦劬．政府向社会组织购买公共服务研究［M］．北京：北京大学出版社，2010.

［71］吕玉辉．《社会团体登记管理条例》定义下的市民自组织分类与管理［J］．中共郑州市委党校学报，2019（3）：48-50.

［72］体育类民办非企业单位登记审查与管理暂行办法［J］．司法业务文选，2001（7）：42-46.

［73］王枫云．从新公共管理到新公共服务——西方公共行政理论的最新发展［J］．行政论坛，2006（1）：91-93.

[74] 陈振明.走向一种"新公共管理"的实践模式——当代西方政府改革趋势透视 [J].厦门大学学报（哲学社会科学版），2000（2）：76-84.

[75] 王丛虎.政府购买公共服务理论研究——一个合同式治理的逻辑 [M].北京：经济科学出版社，2015.

[76] 金太军.新公共管理：当代西方公共行政的新趋势 [J].国外社会科学，1997（5）：21-25.

[77] 伍绍祖.中华人民共和国体育史（综合卷）[M].北京：中国书籍出版社，1999.

[78] 熊晓正，郑国华.我国竞技体育发展模式的形成、演变与重构 [J].体育科学，2007（10）：3-17.

[79] 国家体育总局.体育事业"十一五"规划 [EB/OL].中国政府网，2006-07-25.

[80] 刘鹏，张剑，等.改革开放30年的中国体育 [M].北京：人民体育出版社，2008.

[81] 习近平.关于《中共中央关于全面深化改革若干重大问题的决定》的说明 [J].学理论，2014（1）：11-15.

[82] 国务院办公厅关于政府向社会力量购买服务的指导意见 [J].大社会，2019（2）：30-31.

[83] 何强，冉婷.关于全面深化体育改革几个基本问题的研究 [J].天津体育学院学报，2014，29（2）：113-118.

[84] 青少年体育"十三五"规划 [N].中国体育报，2016-09-20（007）.

[85] 潘迎旭.我国排球运动可持续发展的理论研究 [D].北京：北京体育大学，2003.

[86] 全国体育事业统计资料汇编（1949—1978）[G].北京：中

华人民共和国体育运动委员会，1979.

[87] 张波，汪作朋，葛春林，等. 我国竞技体育后备人才培养的审视与发展路径 [J]. 体育文化导刊，2018（7）：57-61.

[88] 赵芳，孙民治. 我国高级篮球教练员现状调查与对策研究 [J]. 武汉体育学院学报，2002（2）：63-65.

[89] 杨桂茹. 河北省业余体校排球教练员现状调查 [D]. 石家庄：河北师范大学，2016.

[90] 张瑞云. 山东省中学生竞技健美操运动员选拔培养输送的现状及对策研究 [D]. 北京：北京体育大学，2010.

[91] 杨国庆. 我国竞技体育后备人才多元化培养模式与优化策略 [J]. 上海体育学院学报，2017，41（6）：17-22.

[92] 曲爱英，张荃. 对山东省高水平运动员输送状况和体系构建的研究 [J]. 山东体育学院学报，2010，26（7）：80-83.

[93] 古松. 新时期中国竞技排球发展战略研究 [D]. 北京：北京体育大学，2012.

[94] 白海波. 中日排球后备人才培养管理体制的比较研究 [J]. 沈阳体育学院学报，2006（5）：104-106.

[95] 刘亚云. 社会转型期中国竞技体育人才培养模式研究 [D]. 长沙：湖南师范大学，2011.

[96] 田麦久，刘建和，延烽，等. 运动训练学 [M]. 北京：人民体育出版社，2000.

[97] 国家体育总局青少年体育司. 中国青少年排球训练大纲 [M]. 北京：北京体育大学出版社，2012.

[98] 李玉婕. 北京市西城区小学课余排球训练开展现状的研究 [D]. 北京：首都体育学院，2013.

[99] 吴尽. 中国男子竞技排球后备人才培养模式研究——以上海市北中学为例 [D]. 北京: 北京体育大学, 2015.

[100] 黄汉生. 球类运动——排球（第2版）[M]. 北京: 高等教育出版社, 2009.

[101] 白净. 多元主体视域下我国竞技排球运动后备人才培养研究 [D]. 北京: 北京体育大学, 2017.

[102] 苏艳景. 北京医科大学附属小学排球传统项目开展情况的研究 [D]. 北京: 首都体育学院, 2016.

[103] 夏贵霞, 马蕊, 三华倬. 政府购买青少年课外体育服务的地方实践与制度创新 [J]. 北京体育大学学报, 2016, 39（2）: 84-91.

[104] 中共中央关于全面深化改革若干重大问题的决定 [J]. 学理论, 2014（1）: 1-10.

[105] 体育发展"十三五"规划 [N]. 中国体育报, 2016-05-06（002）.

[106] 苗红培. 政府向社会组织购买公共服务的公共性保障研究 [D]. 济南: 山东大学, 2016.

[107] 戴维·奥斯本, 特德·盖布勒. 改革政府: 企业家精神如何改革的公营部门 [M]. 上海市政协编译组, 东方编译所, 译. 上海: 上海译文出版社, 1996.

[108] 习近平. 坚持中国特色社会主义教育发展道路 培养德智体美劳全面发展的社会主义建设者和接班人 [EB/OL]. 新华网, 2018-09-10.

[109] ARAUCANA L. France: physical education and sport in secondary education [J]. Bulletin information sportive mar, 1992, 28: 2182-2184.

[110] OWEN T. The government and politics of sport [J]. Journal of sport management, 1992 (9): 234-236.

[111] CHADWICK A. Analysis: why sports leagues seem more responsive to the American people than the US government does [J]. Day to day, 2004 (2): 113-116.

[112] OSBORNE D, GAEBLER T. Reinvent government: How the entrepreneurial spirit is transforming the public sector from the schoolhouse to statehouse [M]. Hoboken: Addison-Wesley Professional, 1992.

[113] SAPPINGTON D E M. Incentives in principal-agent relationships [J]. The journal of economic perspectives, 1991, 5 (2): 45-66.

[114] GAZLEY B. Beyond the contract: the scope and nature of informal government-nonprofit partnerships [J]. Public administration review, 2008, 68 (1): 141-154.

[115] LAMOTHER M, LAMOTHER S. Beyond the search for competition in social service contracting procurement, consolidation, and accountability [J]. The American review of public administration, 2009 (2): 164-188.

[116] DEHOOG R H. Competition, negotiation, or cooperation: three models for service conteacting [J]. Administration & society, 1990 (3): 317-340.

[117] BAKER G, GIBBONS R, MURPHY K J, et al. Relational contracts and the theory of the firm [J]. The quarterly journal of economics, 2002: 39-84.

[118] RAY D. The structure of sell-enforcing agreements [J]. Econometrics, 2002: 547-582.